浙江省哲学社会科学重点研究基地（浙江省现代服务业研究中心）成果。
浙江树人学院专著出版基金资助成果。

新质生产力
赋能中国乡村社区治理效能提升的路径
——基于组织协同和公司化运作视角

XINZHI SHENGCHANLI
FUNENG ZHONGGUO XIANGCUN SHEQU ZHILI XIAONENG TISHENG DE LUJING
JIYU ZUZHI XIETONG HE GONGSIHUA YUNZUO SHIJIAO

田甜　阎洪／著

中国财经出版传媒集团
中国财政经济出版社
北京

图书在版编目（CIP）数据

新质生产力赋能中国乡村社区治理效能提升的路径：基于组织协同和公司化运作视角 / 田甜，阎洪著. 北京：中国财政经济出版社，2025.6. -- ISBN 978-7-5223-3894-1

Ⅰ. D638

中国国家版本馆 CIP 数据核字第 2025G4A765 号

责任编辑：彭　波　　　　　责任校对：张　凡
封面设计：卜建辰　　　　　责任印制：史大鹏

新质生产力赋能中国乡村社区治理效能提升的路径
——基于组织协同和公司化运作视角
XINZHI SHENGCHANLI FUNENG ZHONGGUO XIANGCUN SHEQU ZHILI XIAONENG TISHENG DE LUJING
——JIYU ZUZHI XIETONG HE GONGSIHUA YUNZUO SHIJIAO

中国财政经济出版社 出版

URL：http://www.cfeph.cn
E-mail：cfeph@cfeph.cn

（版权所有　翻印必究）

社址：北京市海淀区阜成路甲 28 号　邮政编码：100142
营销中心电话：010-88191522
天猫网店：中国财政经济出版社旗舰店
网址：https://zgczjjcbs.tmall.com
涿州汇美亿浓印刷有限公司印刷　各地新华书店经销
成品尺寸：170mm×240mm　16 开　13 印张　175 000 字
2025 年 6 月第 1 版　2025 年 6 月河北第 1 次印刷
定价：78.00 元
ISBN 978-7-5223-3894-1
（图书出现印装问题，本社负责调换，电话：010-88190548）
本社图书质量投诉电话：010-88190744
打击盗版举报热线：010-88191661　QQ：2242791300

前　　言

当前，在乡村振兴战略深入推进的背景下，提升乡村治理效能成为关键任务。本书聚焦于新质生产力对乡村治理效能的赋能作用，从组织协同与公司化运作视角展开研究。首先剖析了新质生产力的内涵及其在乡村治理中的独特价值，探讨了组织协同在整合乡村资源、优化治理结构方面的重要性，以及公司化运作模式对于引入市场机制、激发乡村发展活力的积极意义。通过分析当前乡村治理中存在的问题与挑战，提出了基于新质生产力的乡村治理路径，包括强化多元主体间的组织协同，构建有效的公司化运作平台，促进产业融合发展等策略，旨在借助新质生产力打破传统治理瓶颈，提升乡村治理的效率与质量，推动乡村可持续发展，为乡村治理现代化提供新的思路和方法。

本书系浙江树人学院学术专著系列之一，我们希望通过本研究的深入探讨，为推动乡村治理现代化贡献一份力量。同时，我们也期待更多的学者能够关注乡村治理问题，共同探讨其现代化路径，为我国乡村的全面振兴贡献力量。

目　录

第1章　绪论 ··· 1

1.1　中国乡村社区治理的现状 ······························· 1
1.2　中国乡村社区治理的现实困境 ··························· 3
1.3　中国乡村社区治理的若干尝试 ··························· 8
1.4　新质生产力赋能下的多元嵌入乡村社区治理模式的可行性 ······ 14

第2章　新质生产力与乡村社区治理概述 ························· 18

2.1　新质生产力内涵 ······································· 18
2.2　乡村社区治理 ··· 22
2.3　新质生产力赋能乡村社区治理 ··························· 31

第3章　中国乡村社区治理变迁 ································· 39

3.1　中国乡村社区治理的演进 ······························· 39
3.2　当前乡村社区治理中的组织协同情况与特征 ················ 50
3.3　当前乡村社区治理中公司化运作的情况与特征 ·············· 53
3.4　中国乡村社区治理中面临的困难与挑战——以浙江省为例 ····· 57

第4章 基于嵌入理论的中国乡村社区治理分析框架 ……… 74

    4.1 基于嵌入理论的乡村社区治理理论框架 ……… 75

    4.2 中国乡村社区新实践：多案例分析 ……… 78

    4.3 中国乡村社区治理进一步的思考和探索 ……… 83

    4.4 本章小结 ……… 85

第5章 新质生产力赋能组织协同提升乡村社区治理 ……… 87

    5.1 研究设计 ……… 88

    5.2 模型构建及变量描述 ……… 95

    5.3 估计结果及分析 ……… 98

    5.4 稳健性检验 ……… 109

    5.5 结论分析 ……… 114

第6章 新质生产力赋能公司化运作提升乡村社区治理 ……… 119

    6.1 研究设计 ……… 120

    6.2 模型构建及变量描述 ……… 124

    6.3 估计结果及分析 ……… 128

    6.4 稳健性检验 ……… 138

    6.5 结论分析 ……… 144

第7章 新质生产力视角下的中国乡村社区治理问题及原因分析 ……… 147

    7.1 新质生产力视角下的中国乡村社区治理问题 ……… 147

    7.2 新质生产力视角下的中国乡村社区治理问题的原因分析 ……… 154

第8章 新时代中国乡村社区治理有效性的对策建议 ……… 162

    8.1 中国乡村社区多元治理模式实现路径的构建原则 ……… 162

8.2 中国乡村社区多元治理模式实现理论框架 …………………… 164

8.3 中国乡村社区组织协同治理有效的对策建议 …………………… 167

8.4 组织协同下的乡村公司运营实例

——以杭州市余杭区南山村为例 …………………… 178

第9章 研究结论与展望 …………………… 186

9.1 本书的研究结论 …………………… 186

9.2 研究展望 …………………… 189

参考文献 …………………… 192
后记 …………………… 198

第 1 章

绪 论

1.1 中国乡村社区治理的现状

乡村,作为中国社会的根基,承载着数千年的历史文化积淀与庞大人口的生产生活依托。乡村社区治理,不仅关系到农村地区的稳定与发展,更是关乎国家现代化进程全局的关键环节。深入剖析中国乡村社区治理的现状,是把握乡村发展脉搏、探索未来优化路径的必要前提。

1.1.1 治理主体多元化格局初显

在传统模式下,乡村治理主要依赖于基层政府,即乡镇一级政权组织发挥主导作用。然而,随着时代的发展,多元主体参与的态势日益明晰。一方面,村民自治组织,如村委会,在民主选举、村务决策、纠纷调解等诸多事务中扮演核心角色。广大村民通过选举代表,将自身诉求传递至治理层面,在一定程度上保障了乡村事务决策的民意基础。例如,在一些村庄的基础设施建设规划过程中,村委会组织村民议事会,广泛征求意见,使新建道路、水利设施的布局更贴合村民实际生产生活需求。

另一方面,新型农业经营主体如专业合作社、农业企业等逐渐崭露头角。它们凭借资金、技术、市场渠道等优势,参与到乡村产业发展规划与运营中,为乡村经济增长注入强劲动力,同时也在就业吸纳、技能培训等方面助力乡村社区发展。此外,社会组织、志愿者团体也频繁深入乡村,开展教育帮扶、文化传承、弱势群体关爱等公益活动,补充了政府与市场主体在公共服务供给中的不足。

1.1.2 基础设施建设取得显著进步

过去几十年间,中国乡村的基础设施面貌焕然一新。交通领域,"村村通"工程让水泥路、柏油路延伸至偏远村庄,极大缩短了城乡通行时间,打破了乡村的封闭状态,方便农产品输出与生产生活物资输入。通信网络方面,高速宽带、移动信号基站在农村地区广泛覆盖,多数乡村实现4G乃至5G网络普及,为电商发展、线上教育、远程医疗等新兴业态扎根乡村创造条件。

水利设施持续升级,灌溉系统的优化保障了农田旱涝保收,提高了农业抗风险能力;电力供应稳定可靠,农网改造工程不仅满足了日常生活用电需求,更为农村工业、农产品加工等产业用电提供坚实支撑。这些基础设施的改善,夯实了乡村社区治理的物质基础,提升了村民生活品质,增强了乡村发展后劲。

1.1.3 产业发展驱动乡村振兴活力渐显

乡村产业不再局限于传统单一的种植业、养殖业。特色农业蓬勃发展,各地依据自然禀赋、地域文化,挖掘出诸如赣南脐橙、五常大米等地理标志农产品,通过品牌化、标准化运营,提升附加值,走向全国乃至国际市场。休闲农业与乡村旅游深度融合,农家乐、民宿、采摘园等业态如雨后春笋，既满足城市居民回归自然、体验田园生活的需求，又拓宽农民增收渠道。

农村电商异军突起，打破地域限制，将土特产品销往各地，催生"淘宝村"等新型产业集群，带动包装、物流等相关产业在乡村集聚。产业兴旺吸引人才回流，外出务工人员带着资金、技术、新观念返乡创业，为乡村社区治理注入创新活力，形成产业发展与人才集聚的良性循环。

1.1.4　文化传承与治理的协同共进

乡村文化作为中华民族传统文化的源头，在社区治理中彰显独特价值。众多古村落、传统民居得到修缮保护，民俗活动、民间技艺（如舞龙舞狮、剪纸、木雕等）重焕生机，成为凝聚村民归属感、认同感的精神纽带。文化礼堂、农家书屋等文化阵地建设遍地开花，举办各类文化讲座、文艺演出，丰富村民精神世界，提升村民文化素养。

以文化为依托，乡村移风易俗成效显著。红白喜事简办、厚养薄葬等新风尚逐渐普及，减轻村民人情负担，净化乡村社会风气。同时，文化产业助力乡村发展，传统手工艺制品走向市场，既传承文化又创造经济效益，为乡村社区治理营造良好人文氛围。

综上所述，中国乡村社区治理当下处于机遇与挑战并存的关键时期。明晰现状、正视问题，方能精准施策，持续推进乡村治理体系和治理能力现代化，让乡村在新时代绽放新光彩，实现乡村全面振兴。

1.2　中国乡村社区治理的现实困境

乡村，作为中华民族传统文化的根基与承载广大农民生产生活的家园，其社区治理水平直接关系到乡村的繁荣稳定以及国家现代化建设的整体进程。然而，在当今社会快速发展与转型的浪潮下，中国乡村社区治理面临着诸多错综复杂的现实困境，亟待破局求解。

1.2.1 人才瓶颈：匮乏与流失并存

乡村社区治理的人才困境是最为突出的问题之一，主要体现在专业人才匮乏以及人才流失严重两个方面。

在专业人才匮乏上，乡村地区长期以来难以吸引到农业技术、经济管理、规划设计、医疗卫生等领域的专业人员扎根。以农业技术为例，现代农业的发展急需掌握先进种植养殖技术、病虫害防治、土壤改良等知识的专业人才，但由于乡村工作环境相对艰苦、待遇较低、发展机会有限，使相关专业高校毕业生大多倾向于选择城市就业，导致乡村在推动农业产业升级、实现科技兴农的道路上缺乏关键的技术指导。同样，在乡村经济发展规划方面，懂得市场经济规律、产业布局优化的经济管理人才稀缺，许多乡村错失了发展特色产业、壮大集体经济的良机。

人才流失问题也让乡村社区发展元气大伤。大量青壮年劳动力为寻求更好的就业机会、教育资源与生活条件，纷纷涌入城市，使乡村常住人口老龄化、"空心化"现象越发严重。这种人口结构的失衡不仅削弱了乡村发展的内生动力，如一些传统技艺因无人传承面临失传风险，而且留下来的老年人和儿童在参与乡村治理、推动社区建设方面的能力相对有限，进一步加剧了乡村社区治理的难度。

即便有大学生"村官"、"三支一扶"人员等有志青年投身乡村，但也存在诸多问题影响其作用发挥。一方面，部分大学生村官所学专业与农村实际需求对接不畅，专业不对口导致他们在乡村只能从事一些基础事务性工作，无法充分施展才华。另一方面，由于乡村生活与城市落差较大，配套设施不完善,加上职业发展路径不够清晰,使一些年轻人难以长期坚守,人才流失的隐患始终存在。

1.2.2 资金短缺:发展受限的枷锁

资金不足宛如一道沉重的枷锁,严重束缚了乡村社区的发展步伐,从基础设施建设到公共服务供给,诸多领域都深受其累。

乡村基础设施建设滞后是资金短缺的直观体现。许多偏远乡村道路状况差,晴天尘土飞扬,雨天泥泞不堪,不仅阻碍农产品运输与村民出行,还增加了物流成本,制约农村电商等新兴业态发展。水利设施老化失修,灌溉效率低下,遇上干旱或洪涝灾害,农作物受灾减产,农民收入大打折扣。另外,通信网络覆盖不足、电力供应不稳定等问题也在不少乡村存在,影响村民生活质量,阻碍乡村与外界信息交流。

公共服务领域同样面临资金困境。教育方面,乡村学校硬件设施陈旧,教学楼、实验设备、操场等亟须更新改造;师资力量薄弱,优秀教师流失严重,音体美等专业教师稀缺,难以给乡村孩子提供优质、全面教育。医疗卫生条件简陋,乡村卫生室药品不全、医疗设备落后,医护人员专业水平有限,村民大病小病往往只能往县城跑,增加就医成本与负担。养老服务设施近乎空白,养老院数量少、质量低,农村老人大多只能居家养老,生活照料、精神慰藉等需求难以满足。

资金短缺的根源在于乡村自身造血功能不足与外部输血有限。乡村产业发展不充分,缺乏稳定的财税收入来源,集体经济薄弱,难以支撑大规模建设与服务投入。而上级财政转移支付虽有一定支持,但面对广袤乡村的庞大需求,仍是杯水车薪,且资金分配过程中还存在不均衡现象,部分经济落后、偏远乡村获得资金扶持相对较少,发展差距进一步拉大。

1.2.3 传统观念束缚：现代化治理的绊脚石

传统观念在乡村社区根深蒂固，与现代治理理念产生激烈碰撞，成为乡村治理迈向现代化的一大阻碍。

部分村民受传统农耕文化影响，安于现状、因循守旧，对新事物、新技术接受程度低。在推广农业新品种、新技术时，往往顾虑重重，担心失败风险，宁愿沿用传统低效种植养殖方式，错失产业升级机遇。例如，在一些地区推广智能灌溉系统、无人机植保技术时，村民因不熟悉操作、怀疑效果而不愿尝试，使农业现代化进程受阻。

家族观念、宗族势力在部分乡村仍有较强影响力，干扰乡村治理公平公正。在选举村干部、分配集体资源、处理矛盾纠纷等事务中，家族裙带关系有时会凌驾于规章制度之上，导致决策不民主、资源分配不合理，引发村民不满，削弱基层组织公信力。个别大姓家族甚至操控村务，排挤外姓干部，使乡村治理陷入混乱。

现代法治观念淡薄也是突出问题。一些村民遇到纠纷，习惯找家族长辈或村干部"评理"，而非依靠法律途径解决，导致私了现象普遍，法治秩序难以在乡村有效建立。同时，部分村干部依法办事意识不强，在土地流转、项目建设等工作中，存在违规操作、侵犯村民权益行为，不仅引发干群矛盾，也破坏乡村法治生态。

参与意识不足同样制约乡村治理现代化。村民大多认为乡村治理是政府、村干部的事，与己无关，参与村民自治积极性不高，对村务公开、民主决策等环节漠视，村民代表大会往往流于形式，难以汇聚民意、群策群力推动乡村发展。

1.2.4 体制机制障碍：协同与执行之困

体制机制不完善犹如隐藏在乡村社区治理深处的暗礁，给协同合作与政策执行带来重重困难。

首先，部门之间协同不畅。乡村治理涉及农业农村、民政、住建、交通、教育等多个部门，各部门职责虽有分工，但在实际工作中缺乏有效沟通与协作机制。例如，在推进乡村人居环境整治时，环保部门负责污水垃圾处理，住建部门主导房屋改造，农业农村部门统筹整体规划，但由于信息不共享、行动不协调，出现工作重复、衔接脱节等问题，降低治理效率，浪费资源。

其次，基层组织权责不匹配。乡镇政府作为乡村治理直接责任主体，承担大量行政事务，但权力有限，在土地审批、项目资金调配等关键事项上缺乏自主权，向上级部门请示汇报耗时耗力，导致政策执行滞后。村委会作为村民自治组织，理论上应代表村民意愿开展工作，但实际操作中常受乡镇政府行政干预较多，自主决策空间小，难以充分发挥自治功能，引发干群关系紧张。

再次，监督考核机制不健全。对乡村治理工作的监督多依赖上级检查，缺乏常态化、多元化监督主体，内部监督受人情因素干扰，外部监督如村民监督、社会监督缺乏有效渠道与激励机制，使一些违规行为、敷衍塞责现象难以及时发现纠正。考核指标设置也不尽合理，过于注重短期政绩、量化指标，忽视乡村长远发展、生态保护、民生改善等软性指标，导致基层干部为完成考核任务，搞形式主义，做表面文章，偏离乡村治理初衷。

最后，应急管理机制薄弱。乡村地区在面对自然灾害、公共卫生事件等突发情况时，暴露出应急物资储备不足、应急预案不完善、应急救援队伍缺乏专业性等问题。如在新冠疫情期间，部分乡村防疫物资短缺，卡点设置、人员排查等防控措施混乱，凸显乡村应急管理短板，危及村民生命健康与乡村稳定。

综上所述，中国乡村社区治理深陷人才、资金、观念、体制机制等多重现实困境之中，严重阻碍乡村振兴战略的顺利实施。要想突破困局，必须对症下药，在人才引进与培育、资金筹措与保障、观念更新与引导、体制机制改革与优化等方面下足功夫，激发乡村内生动力，提升乡村社区治理水平，描绘乡村发展新画卷。

1.3　中国乡村社区治理的若干尝试

面对乡村社区治理的重重困境，中国政府以创新思维和坚定决心，多管齐下推进改革，其中大学生村官模式、干部挂职模式、领导包干模式在不同维度发挥着关键作用，助力乡村振兴稳步前行。

在人才引入与培育层面，大学生村官模式为乡村注入了新鲜血液。众多富有朝气与知识的大学生投身乡村，他们带来新观念、新技术，在一定程度上缓解了乡村专业人才匮乏的问题。通过参与乡村事务管理、产业发展规划等工作，大学生村官们运用所学知识，为乡村发展出谋划策。干部挂职模式则凭借选派经验丰富、能力突出的干部到乡村任职，进一步充实乡村治理力量。这些干部带来成熟的管理经验与资源，有效推动乡村各项工作开展，引领乡村突破发展瓶颈。

针对传统观念束缚这一难题，大学生村官与挂职干部发挥了重要的观念革新作用。大学生村官凭借自身对新事物的敏锐感知与积极态度，通过组织各类文化活动、宣传先进理念，激发村民对新事物的兴趣，引导村民摒弃因循守旧思想。挂职干部则凭借广阔的视野和丰富阅历，在与村民的交流互动中，潜移默化地传播现代治理理念，削弱家族观念、宗族势力的负面影响，推动法治观念深入人心，营造积极向上的乡村治理氛围。

在体制机制优化方面，领导包干模式发挥着独特优势。领导干部对特定乡村区域进行包干负责，强化了责任落实，有效避免部门间推诿扯皮现象。通过整合各方资源，领导干部协调农业农村、民政等多部门协同合作，推动乡村治理各项工作高效开展。同时，在监督考核机制的完善过程中，领导包干模式促使领导干部更加关注乡村的长远发展，避免短视行为，确保考核指标全面且科学，既注重经济发展，也兼顾生态保护、民生改善等软性指标。

通过这一系列改革模式的综合运用，中国政府在乡村社区治理中逐步攻克人才、资金、观念、体制机制等难关，激发了乡村发展的内生动力，提升了乡村社区治理水平。在政府的不懈努力下，乡村正朝着产业兴旺、生态宜居、乡风文明、治理有效、生活富裕的目标大步迈进，乡村振兴的美好蓝图正逐渐成为现实。

1.3.1 大学生村官模式

大学生村官，作为一股朝气蓬勃的新生力量，承载着无数的期待踏入乡村。他们凭借系统的高等教育知识储备，犹如一扇开启新知识、新观念大门的钥匙，为相对传统、封闭的乡村注入了前所未有的活力。这些年轻人在大学校园里广泛涉猎各类学科知识，无论是经济学、管理学，还是信息技术、农业科技等领域，都有着一定的涉猎，使他们能够站在时代前沿，为乡村产业发展出谋划策。例如，在一些具有特色农产品种植传统的乡村，大学生村官引入现代化的农业生产管理理念，帮助农民优化种植结构，通过精准施肥、科学灌溉等手段，提高农产品的产量与质量。同时，他们敏锐地捕捉到互联网时代的商机，积极投身于农村电商领域，搭建起农产品线上销售平台，将乡村的土特产推向全国各地，打破了以往因信息不对称、销售渠道狭窄导致的农产品滞销困境，让农民实实在在地增收致富。

他们年轻有活力，充满着无限的激情与创造力，这种特质如同星星之火，迅速在乡村点燃发展的热情。组织协调能力也是大学生村官的一大优势,在大学期间,丰富多彩的社团活动、社会实践项目锻炼了他们的团队协作与沟通协调能力。回到乡村后,他们能够充分运用这些技能,组织村民开展各类丰富多彩的文化活动,如乡村文艺汇演、民俗文化展览等,不仅丰富了村民的业余生活,更重要的是唤醒了村民对本土文化的热爱与自信,增强了乡村的凝聚力。在推动乡村基础设施建设、农业项目落地等实际工作中,他们也能高效地协调各方资源,确保项目顺利推进。

然而,初入农村的大学生村官们,就像刚离巢的雏鸟,面临诸多成长的挑战。角色转变困难是他们首先要克服的难关,从繁华都市的校园生活骤然切换到相对质朴,甚至有些简陋的乡村环境,生活习惯的巨大差异、工作节奏的陡然变慢,让部分大学生村官在心理上产生了强烈的落差感,难以迅速融入乡村工作与生活节奏,进入角色较慢,在一段时间内处于迷茫、不知所措的状态。适应环境同样是一场艰难的考验,我国乡村地域辽阔,不同地区的乡村在自然环境、交通条件、住宿设施等方面千差万别,有的偏远山区村庄,交通不便、信息闭塞,甚至连基本的生活物资采购都成问题;而且村与村之间的经济实力悬殊,发展资源天差地别,村干部的素质、能力与工作风格也各不相同,这使部分大学生村官在面对复杂多变的情况时感到力不从心,难以适应。专业不对口也是一个突出的问题,许多大学生所学专业与农村实际工作需求相去甚远,比如一些文科专业的学生,面对农业技术推广、农村产业规划等专业性较强的工作时,理论难以联系实际,所学知识无用武之地,只能在村中做一些诸如资料整理、会议组织等事务性工作,难以充分施展自己的专业才华,为乡村发展带来更大的助力。此外,不得不承认,部分从城市长大的大学生没有经历过艰苦生活的磨炼,吃苦精神不足,面对农村艰苦的工作和生活条件,心生畏惧,再加上有合同约束,便抱着得过且过的心态,未能充分发挥自身的主观能动性,使这一原本充满希望的群体在乡村治理中的潜能未能得到充分释放。

1.3.2 干部挂职模式

干部挂职，作为另一种乡村治理的探索模式，有着其独特的优势与价值。挂职干部通常来自上级机关或其他资源丰富的单位，他们身处高位，手握丰富的人脉资源和广阔的信息渠道，这如同为乡村发展搭建起一座连接外部世界的桥梁。一旦他们投身乡村，便能凭借自身优势，为乡村引来亟需的项目、资金与技术支持。在一些贫困山区，挂职干部利用自己在上级部门的关系，积极争取基础设施建设项目，修路搭桥、改善水电供应，让乡村的面貌焕然一新；引进农业产业项目，引导农民发展特色种植、养殖，或是引入农产品深加工企业，延长产业链，提高农产品附加值，为乡村经济腾飞插上翅膀。同时，对于挂职干部自身而言，深入乡村挂职锻炼是一场难得的成长历练。乡村基层工作纷繁复杂，千头万绪，在这里，他们能够真正触摸到中国社会最基层的脉搏，了解民生疾苦，积累丰富的实践经验，全方位提升自己解决实际问题的能力、沟通协调能力以及应对复杂局面的综合素质，为今后在更高层级、更广阔领域的工作打下坚实的基础。而且，他们的到来促进了城乡之间的交流与合作，如同催化剂一般，加速了城乡资源的流动与融合。挂职干部在乡村工作期间，将城市先进的管理经验、前沿的发展理念毫无保留地引入乡村，让乡村能够紧跟时代步伐；同时，他们也将乡村的实际需求、面临的问题以及独特的资源优势及时反馈给城市，使城乡之间能够实现资源的优化配置与协同发展，形成互利共赢的良好局面。此外，挂职干部的加入为乡村基层组织注入了新鲜血液，带来了新的活力与动力。他们与当地干部相互学习、相互借鉴，不同的工作方式、思维模式相互碰撞，激发创新火花，共同推动乡村各项工作蓬勃开展，提升基层组织的凝聚力和战斗力。

但不可忽视的是，干部挂职在实践过程中也暴露出一些问题。部分干部将挂职视为晋升道路上的一块"跳板",把挂职工作当作一种"镀金"经历,内心缺乏对乡村工作真正的热情与投入。他们来到乡村后,只是按部就班地完成一些表面上的任务,甚至连基本的工作职责都不愿认真履行,敷衍塞责,坐等挂职期满,以便回到原单位获得升职重用的机会,这种功利心态使得挂职的初衷完全被扭曲,不仅无法为乡村发展带来实质性帮助,反而浪费了宝贵的资源与机遇。还有些挂职干部对乡村实际情况了解不够深入,犹如雾里看花,在工作中仅凭主观臆断"瞎指挥",制定的政策和措施缺乏针对性和可操作性。他们没有充分考虑乡村的地域特色、农民的实际需求以及现有资源条件,导致资源浪费,项目无法落地生根,群众对此怨声载道。而且,由于挂职时间通常较短,他们难以真正融入当地干部群众中,与他们建立起深厚的感情和信任关系。这种隔阂使工作开展困难重重,政策难以有效落实,因为得不到群众的支持与配合。此外,挂职干部与当地干部在工作方式、思维模式等方面存在差异,容易产生矛盾和冲突,若不能及时化解,将会影响整个乡村工作的大局。

1.3.3 领导包干模式

领导包干,作为一种强调责任落实的治理模式,在乡村治理中发挥着重要作用。通过将工作任务和责任明确分配给各级领导干部,就像给每一位责任人戴上了"紧箍咒",使每个领导干部更加清楚自己的职责所在以及工作的重点内容,从而能够心无旁骛地专注于任务的完成,避免了以往职责不清、推诿扯皮等乱象,极大提高了工作效率和执行力。在乡村环境整治工作中,领导包干责任制让每一位负责干部深知自己所管辖区域的环境卫生标准与目标,他们积极组织人力、物力,深入街巷、河道,亲力亲为地督促整改,使乡村的面貌迅速得到改观。合理地分配人力、物力和财力资源,是领导包干制的又一显著优势,这如同一位精明的管家,能够根据不同区域、不同项目的实际需求,精准调配资源,避免资源的浪费和滥用,同时提高资源的利用效率,达到节约成本和提高效益的最佳组合。例如在乡村教育资源优化配置方面,负责领导依据各村学生数量、教学设施现状等情况,合理分配师资力量、教学设备,确保每个孩子都能享受到相对公平、优质的教育资源,为乡村人才培养奠定基础。而且,这种制度有助于建立良好的沟通和协作机制,不同部门和领导干部之间为了完成共同的包干任务,必须加强合作意识,增强责任感,打破部门之间的壁垒,如同紧密咬合的齿轮,协同运转,营造出更加和谐的工作氛围和社会环境,共同为乡村治理难题贡献力量。

然而,就像任何制度在实践中都不可能尽善尽美一样,领导包干制也存在一些亟待解决的问题。责任划分不明确是其中一个较为突出的问题,在实际操作过程中,虽然总体上有包干任务的界定,但可能存在责任范围的边界模糊、责任程度不够清晰等情况,这就好比地图上的国界标注不明,容易引发争议。导致一些工作出现无人负责或多人负责的尴尬局面,遇到问题时,各部门、各责任人之间相互推诿扯皮,不作为现象时有发生,严重影响乡村治理工作的顺利推进。缺乏有效监督也是一大短板,虽然领导包干制度要求各级领导干部对工作负起监督责任,但在实际执行过程中,可能缺乏一套完善、科学的监督机制。这使监督工作流于形式,不到位、不彻底,给一些心存侥幸的领导干部提供了可乘之机,他们在工作中敷衍了事、弄虚作假,只做表面文章,无法保证工作的质量和效果,损害了政府公信力,也让乡村治理成效大打折扣。另外,不同领导干部之间由于所处部门不同、工作重点不同以及个人利益诉求的差异,在协作配合方面可能会出现协调不畅、沟通受阻等问题。就像一群没有指挥的乐队,各自为政,无法奏响和谐的乐章,导致一些工作无法及时、有效地完成,甚至出现拖延处理、处理不当等情况,影响乡村治理的整体进程。

综上所述,大学生村官、干部挂职、领导包干这几种乡村治理尝试虽都怀揣着推动乡村进步的美好初衷,在实践中也各自绽放出光芒,取得了一定的成效,但如同美玉微瑕,均需正视自身存在的短板。展望未来,乡村治理之路任重而道远,我们应精准施策,多管齐下。对于大学生村官,要优化选拔培养与使用机制,在选拔阶段注重考察其对乡村工作的热情、适应能力以及专业匹配度;培养过程中加强农村实用技能培训,让知识更好地落地生根;使用时充分发挥其优势,给予更多施展才华的空间。对于干部挂职,一方面要端正挂职动机,加强思想教育,让挂职干部真正认识到乡村工作的重要性与使命感;另一方面强化融入引导,通过组织交流活动、安排经验丰富的"导师"等方式,帮助挂职干部快速了解乡村、融入乡村。对于领导包干,则要完善监督协调体系,细化责任界定,明确监督主体与流程,加强部门间常态化沟通协调机制建设,让责任落实到位,协作顺畅无阻。唯有如此,方能让这些举措在乡村治理的广阔舞台上持续发光发热,切实助力乡村振兴伟业,让中国乡村迈向更加繁荣、美好的明天。

1.4 新质生产力赋能下的多元嵌入乡村社区治理模式的可行性

在当今中国乡村发展的关键节点,新质生产力赋能下的多元嵌入乡村社区治理模式崭露头角,为破解乡村治理困境、推动乡村振兴带来全新契机。深入探究这一模式的可行性,对于指引乡村迈向高质量发展之路意义非凡。

1.4.1 技术创新驱动:新质生产力的核心支撑

新质生产力突出表现为以科技创新为引领,一系列前沿技术在乡村的广泛应用为多元嵌入治理模式筑牢根基。一方面,数字技术赋能乡村产业发展,大数据、物联网、人工智能等深度融入农业生产环节,实现精准种植、智能养殖,大幅提升农业产出效率与农产品质量。例如,智能灌溉系统依据土壤湿度、气象数据自动调控水量,既节约用水又保障作物生长需求;农产品溯源系统借助区块链技术,为消费者提供全程透明信息,增强市场竞争力。产业兴旺吸引多元主体关注,农业企业、电商平台等纷至沓来,凭借资金、技术、市场渠道等优势嵌入乡村经济领域,参与产业规划、运营与销售,与农户形成紧密利益联结,共促乡村繁荣。

另一方面,信息技术畅通乡村信息交流渠道。高速宽带、5G网络覆盖乡村,打破信息孤岛,线上政务服务普及,村民足不出户即可办理各类事务,降低办事成本,提升治理效能。同时,社交媒体、短视频平台成为展示乡村风貌、特色产品的窗口,吸引游客、志愿者、社会组织的目光,引导人才、文化、公益资源向乡村流动,为乡村社区治理注入多元活力。技术创新作为新质生产力的关键要素,持续拓展乡村发展边界,为多元主体创造广阔参与空间,使多元嵌入治理模式具备坚实的现实基础。

1.4.2 政策引导扶持:宏观环境的有力保障

国家层面对乡村振兴战略的坚定推进以及系列配套政策出台,为新质生产力赋能下的多元嵌入治理模式营造良好政策生态。从产业政策看,政府加大对农村新产业新业态的扶持力度,设立专项补贴、税收优惠,鼓励发展农村电商、乡村旅游、农产品深加工等,激发乡村经济活力,吸引多元经营主体投身乡村建设。如对返乡创业人员给予创业补贴、场地支持,降低创业门槛,催生一批乡村创业者,他们带回资金、技术与新理念,成为乡村治理新生力量。

在人才政策方面,各地实施"引智回乡""大学生村官计划"等,拓宽乡村人才引进渠道，为乡村汇聚各类专业人才。同时，开展乡村干部培训、新型职业农民培育，提升本土人才素质，强化乡村治理人才支撑。土地政策也不断优化，推进农村集体经营性建设用地入市、土地流转等改革，保障乡村产业发展用地需求，为农业企业、合作社等规模化经营创造条件，促进多元主体在乡村稳定扎根。政策引导从宏观层面协调各方资源，消除制度障碍，为多元嵌入治理模式有序运行保驾护航。

1.4.3 市场需求拉动：内在动力的持续激发

随着居民生活水平提升，消费市场对高品质农产品、乡村休闲体验服务需求日益旺盛，为乡村发展带来巨大市场机遇，成为驱动多元嵌入治理模式运行的内在动力。消费者对于绿色、有机、溯源清晰的农产品青睐有加，促使乡村摒弃传统粗放生产模式，引入新技术、新工艺，打造标准化生产基地，吸引农业企业、电商平台深度参与，共建农产品供应链，满足市场需求。

乡村休闲旅游市场持续升温，城市居民渴望逃离都市喧嚣，亲近自然、体验农事，农家乐、民宿、采摘园等如雨后春笋般涌现。乡村社区凭借独特自然风光、民俗文化，与旅游企业、社会组织合作开发旅游项目，拓展收入来源，提升社区知名度。市场需求的强力拉动促使乡村主动优化治理环境，吸引多元主体嵌入，整合资源提升服务品质，实现乡村与市场良性互动，保障多元嵌入治理模式的可持续性。

1.4.4 社区参与意愿提升：基层活力的源泉涌动

乡村社区居民作为乡村治理的主体，其参与意愿与能力提升是多元嵌入治理模式成功的关键因素。近年来，随着乡村教育普及、信息传播加速，村民综合素质逐步提高，对乡村发展前景认识更为清晰，参与治理热情高涨。在村集体经济发展、基础设施建设等事务中，村民通过村民代表大会、村务公开等渠道积极建言献策，主动投工投劳，展现主人翁精神。

同时，社会组织、志愿者在乡村开展的各类公益活动、技能培训，唤醒村民发展意识，增强社区凝聚力。例如，文化下乡活动激发村民对本土文化传承保护热情，成立民俗文化表演队，既丰富乡村文化生活，又吸引游客关注；农业技能培训提升农民种植养殖水平，助力产业发展。村民参与意愿提升为多元主体融入营造融洽氛围，多元主体协同合作又进一步激发村民参与热情，形成良性循环，为新质生产力赋能下的多元嵌入乡村社区治理模式注入源源不断活力。

综上所述，新质生产力赋能下的多元嵌入乡村社区治理模式在技术创新驱动、政策引导扶持、市场需求拉动、社区参与意愿提升等多方面具备可行性。充分利用这些有利因素，构建科学合理治理架构，将有力推动乡村社区迈向善治之路，实现乡村振兴宏伟目标。

第 2 章

新质生产力与乡村社区治理概述

2.1 新质生产力内涵

马克思系统且科学地构建了生产力理论，明确指出生产力是社会发展的最终决定力量，由此开创了全新的经济学哲学视野（李建平等，2023）。生产力理论作为马克思主义理论的核心构成部分，展现出不断发展与开放的特性。毛泽东指出，生产力主要涵盖人与工具这两个关键要素，并且强调发展经济的核心关键在于促使生产力不断向上提升。改革开放进程中，邓小平提出"科学技术是第一生产力"的关键论断，深刻揭示了科学技术在生产力发展中的重要地位和作用。习近平总书记站在百年未有之大变局的新时代提出了新质生产力，旨在为我国经济高质量发展指引基本方向，有力推动战略性新兴产业以及未来产业的培育和发展，加速形成具备全新性质、属性和功能的新质生产力（徐政等，2023）。新质生产力的提出与生产力发展的理论脉络高度契合，充分彰显了生产力理论的开放性、动态性以及进步性。具体而言，新质生产力是以创新为主导力量，突破了传统经济增长模式和生产力发展路径的先进生产力质态，具有高科技、高效能、高质量等显著特征，与新发展理念深度契合，其丰富内涵可从以下多个层面加以理解。

(1) 从基本内涵看。

新质生产力以劳动者、劳动资料、劳动对象及其优化组合的跃升为基本内涵，以全要素生产率提升为核心标志，是由技术革命性突破、生产要素创新性配置、产业深度转型升级而催生的先进生产力质态。

(2) 从劳动者因素看。

在科技创新的强大推动下，劳动者的劳动能力攀升至新的高度。高素质劳动者不仅包括能够引领科技潮流、创造先进生产工具的创新型人才，还涵盖具备多维知识结构、熟练掌握新型生产工具的技能型人才。

(3) 从劳动资料角度看。

劳动资料在新技术、新产业等因素的作用下发生了质的变化。由知识形态的科学技术转化而来的生产工具在劳动资料中占据主导地位，成为生产力发展水平的客观衡量尺度以及区分经济时代的客观依据。诸如人工智能、虚拟现实和增强现实设备、自动化制造设备等全新的物质技术融合应用，催生出大量更智能、更高效、更低碳、更安全的新型生产工具，进一步解放了劳动者，拓展了生产空间，显著提高了劳动效率，推动生产力跃升至新的台阶。

(4) 从劳动对象方面看。

劳动对象的范围和领域在科技创新的驱动下发生了重大变革。得益于科技创新在广度、深度、精度和速度上的全面提升，大到天体宇宙，小到基因量子，都已成为劳动对象，数智化设施、新材料、新能源等新的劳动对象不断涌现。物质形态的高端智能设备、数据等非实体形态的新型生产要素，释放出巨大的生产效能，并日益成为生产力发展的关键驱动力量。

(5) 从生产关系角度看。

需要进一步解放思想，全面深化改革，构建与新质生产力发展相适应的新型生产关系。从所有制结构而言，要形成与新质生产力相匹配的新的所有制形式，实行科技劳动者与生产资料特殊的结合方式和方法，创新生产要素配置方式,激发劳动、知识、技术、管理、资本和数据等各类生产要素的活力,更好地体现知识、技术、创新、人才和经营管理的市场价值,充分调动各类人力资源要素参与和发展新质生产力的积极性和创造力。

(6)从发展目标看。

新质生产力紧密围绕我国经济高质量发展的目标,积极推动战略性新兴产业和未来产业的蓬勃发展,助力我国经济在创新驱动下实现转型升级,提升经济发展的质量和效益,更好地满足人民日益增长的美好生活需要,实现经济、社会和环境的协调可持续发展。

2.1.1 科技创新驱动

(1)技术前沿性。

新质生产力以新一代信息技术、生物技术、新能源技术、航天技术等一系列高科技为核心驱动力。例如,在农业领域,基因编辑技术使农作物具备更强的抗病虫害能力和更高的产量潜力;在制造业,3D打印技术可以实现复杂零部件的快速制造,极大地提高了生产效率和产品精度。

(2)融合性创新。

它不是单一技术的应用,而是多种技术的交叉融合。比如智能制造,就是将人工智能、物联网、大数据等技术融合在一起,使工厂的生产设备能够互联互通,通过对生产数据的实时分析和智能算法,实现生产过程的自动化优化和精准控制。

2.1.2 新的生产要素投入

(1)数据要素关键作用。

数据成为新质生产力中的关键生产要素。在互联网、大数据时代,企业通过收集、分析消费者的行为数据、偏好数据等，可以实现精准营销和个性化定制服务。例如，电商平台通过对用户浏览历史、购买行为等数据的分析，为用户推荐符合其兴趣和需求的商品，提高交易成功率。

（2）知识和人才高端化。

对知识和高素质人才的需求大幅增加。新质生产力的发展需要掌握前沿技术知识的专业人才，如人工智能专家、生物科技工程师等。这些人才不仅具备深厚的专业知识，还需要有跨学科的知识背景和创新能力，能够推动新技术的研发和应用。

2.1.3 产业新形态呈现

（1）新兴产业崛起。

催生了许多新兴产业，如数字经济、生物经济、绿色低碳产业等。以数字经济为例，又包括电子商务、数字金融、云计算、大数据等众多细分领域，这些产业的兴起改变了传统的经济结构和商业模式。例如，移动支付的普及使金融交易更加便捷，线上办公软件的发展改变了企业的办公模式。

（2）传统产业升级改造。

对于传统产业，新质生产力促使其进行转型升级。传统制造业通过引入工业互联网、智能制造技术，实现生产设备的智能化改造和生产流程的数字化管理，提高生产效率和产品质量。例如，汽车制造企业在引入自动化生产线和智能机器人后，生产效率大幅提高，产品质量更加稳定。

2.1.4 符合新发展理念

（1）创新发展。

新质生产力的核心是创新，包括技术创新、产品创新、商业模式创新等多个维度。创新贯穿整个生产过程,从研发设计到生产制造,再到销售和服务环节。例如,共享经济模式就是一种创新的商业模式,通过共享平台将闲置资源进行有效利用,提高了资源的配置效率。

(2) 绿色发展。

注重生态环境保护,追求绿色低碳的生产方式。在能源领域,新能源的开发和利用是新质生产力的重要体现,如太阳能、风能、水能等清洁能源的大规模应用,减少了对传统化石能源的依赖,降低了碳排放。同时,在生产过程中,也强调资源的循环利用和废弃物的减量化,实现经济与环境的协调发展。

(3) 协调发展和开放发展。

新质生产力还体现了协调和开放的理念。在区域协调方面,通过推动科技成果在不同地区的转化和应用,缩小区域间的发展差距。在开放发展方面,积极参与全球科技合作和产业竞争,引进国外先进技术和管理经验,同时推动我国的新技术、新产品走向世界市场。

2.2 乡村社区治理

2.2.1 组织协同理论

组织协同理论源于协同理论,这一理论最初是从物理学科概念引申而来,经不断演变,发展成为综合性理论分支。1971 年,德国物理学家赫尔曼·哈肯(Hermann Haken)首次提出该理论,1976 年,他系统地阐述了其梗概脉络,并发表《协同学导论》。此后,协同理论逐渐在社会治理领域崭露头角,发挥重要作用。

组织协同理论的核心追求是实现均衡。在面对不同因素影响时,该理论旨在借助多类主体的协同，使系统最终维持在均衡状态。这种均衡态最早应用于物理领域的物质交换，后来延伸至对时间、空间层面的要求。组织协同理论外延极为广泛，系统论、信息论等皆源于此。

在实际应用中，组织协同理论多需借助模型方法与实证分析。需从海量数据中挖掘共性特征，进而确定影响协同的主体及其影响程度，这一过程不可或缺。作为跨学科的综合性理论，组织协同理论还需依据实际应用领域的具体需求，进行必要的调整与修正。组织协同理论应用范围广泛，无论是社会领域、自然领域，还是复杂的生命系统，都能运用该理论指导实践。并且，在不同领域的协同过程中，往往能发现高度重合的共性特征。

从社会治理视角而言，组织协同理论致力于推动基层政府、村民、社会组织共同优化和改善治理结构，使其达到最优状态。它是一种为实现系统完善而产生的过程性手段或方法，重点在于如何充分发挥系统内外各种因素的协同作用，以实现整个系统的全面提升。而且，这种协同行为既可以是自发产生的，也可能是受内外部因素影响而出现的，系统本身不对行为性质进行界定，关键在于最终系统走向所产生的影响是积极还是消极。

在本研究中，组织协同理论主要聚焦于组织结构协同对新时代乡村治理水平提升的程度及具体影响。这其中涵盖纵向协同（党组协同、县乡协同）与横向协同（部门协同、社会协同）等方面。以县乡协同为例，它主要应用于基层政府管理过程，重点体现基层政府上下级之间协同作用的发挥。本研究以政策落实为主线，将基层政府管理能力作为考察对象，旨在证明基层政府上下级之间的协同合作对乡村治理有效性的影响。再如社会协同，主要应用于社会组织参与乡村治理的过程。社会组织的参与是确保乡村治理有效性得以长久持续的重要变量。社会协同不仅包括社会组织之间协同作用的发挥，还涵盖社会组织与其他各类主体的协同，这充分体现了社会组织在乡村治理中的外延性。在上述不同层面与类型的协同中，通过组织协同理论的指导与应用，能够得出相应研究结论，为实现乡村治理的有效性提供有力支撑。

2.2.2 治理理论

治理理论最初诞生于政治学研究范畴,到了 20 世纪 90 年代,在公共管理领域被广泛运用,与之相关的研究也随之兴起。不同学者对治理有着各异的理解。詹姆斯·罗西瑙(2001)将其视作处理冲突与竞争的制度安排;蒂罗尔(Tirole,2001)认为治理是权力的运用;斯托克(Stoker,1998)指出治理本质是一种不依赖政府权威与制裁的统治机制,其中涵盖了众多复杂机构以及存在权力依赖关系的行动者。缪勒(Mueller,1981)则表明治理的目标在于把控战略方向、高效利用资源以及协调社会经济与文化环境等。

治理和统治、管制的概念存在差异。治理活动的主体并非局限于政府或行政机构,也并非依靠国家强制力来达成。治理理论旨在运用新方式或工具,解决市场或政府协调失灵的问题,而非依赖行政命令或权威掌控。该理论认为,集体行动的成员间存在权力依赖,治理的关键在于平衡各成员的利益(田凯、黄金,2015)。当下治理理论的研究内容主要包含治理主体、客体、方式以及目标等,其基本特征体现为治理主体的多元化、责任界限模糊、权力依赖性以及合作机制等,治理过程是权力上下互动的管理模式(魏涛,2006)。许多学者基于治理理论,延伸出公共治理理论、多中心治理理论、网络治理理论等。公共治理理论主要用于国家公共领域的行政管理;多中心治理理论的关键在于拓展治理主体,着重强调主体的多元化(Ostrom,2010);网络治理理论应用更为广泛,它为治理理论提供了新的研究视角,是治理主体管理公共事务时采用的综合方法,治理过程是持续解决和协调网络冲突,以实现多元行动者联合行动的过程(全球治理委员会,1995)。

在当代西方政治思想领域,多元治理理论备受关注且极具发展潜力。联合国社会发展研究所副主任辛西娅·休伊特·德·阿尔坎塔拉(Cynthia

Hewitt de Alcántara）曾感慨，如今在发展问题相关的出版物中，"治理"一词几乎无处不在。任何理论的兴起都有其理论和现实根源，多元治理理论也不例外。一方面，第二次世界大战后建立的西方福利国家在20世纪七八十年代逐渐暴露出全面的管理危机。在国内，政府福利负担过重且自身效率低下，面对复杂公共事务，市场和等级制调节机制双双失效；在国际上，全球性、区域性公共问题不断涌现，给国际社会管理带来巨大挑战。在这种形势下，主张除政府外还有其他多元主体力量参与治理理论思想开始被学者们提出，并迅速在各个领域传播开来。另一方面，20世纪后半叶，公民社会和社会组织集团在全球范围内蓬勃发展，为治理的兴起提供了体制和动力支持；同时，现代信息技术的进步以及西方学者的努力，为治理的实践应用和理论发展提供了技术和知识保障。

作为一种现代政治理论，多元治理理论的兴起是较晚出现的社会科学事件。不过，"治理"的概念由来已久，其英文"governance"源于古希腊语，最初意为操控。1989年世界银行的一份报告首次提出"治理危机"一词，此后"治理"频繁出现在各类官方文件和学术著作中。但在当代语境下，治理的内涵已被重新定义。多元治理理论的重要学者罗茨（R. A. W. Rhodes）认为，治理代表着"一种新的统治过程，意味着有序统治的条件已发生变化，或是采用新方法统治社会"。斯托克通过梳理文献，将多元治理理论的核心观点总结为五个方面：其一，治理主体不只是政府，呈现多元化特征，既包含结构复杂、构成多元的政府自身，也涵盖半官方机构、非政府机构乃至公民个人。正因如此，一些学者常用"多元治理""多中心治理""多头治理"等概念来描述。其二，治理在共享公共事务管理权力的同时，也需关注责任转移等问题。比如在责任模糊的情况下，政策制定者和公众难以明确事务的责任归属，这可能导致公务人员在遇到问题或危机时将责任推诿给外部供应商，甚至在复杂治理体制下，更容易出现寻找替罪羊的情况。其三，治理认识到，无论是公共部门还是私营部门，没有任何一个机构能拥有独自解决所有复杂公共问题的充足资源。所以从治理角度看，各行动主体相互依赖，在实现共同目标的过程中达成各自目的。由于存在权力依赖关系，治理主体间容易形成互动的伙伴关系。其四，治理过程也是行动者和机构整合资源、技能和目标，逐步形成长期联合体的过程。其五，治理主张政府摆脱单纯依靠权力规制的思路，尝试运用新的合作方式和技术进行引导和控制。从这个意义上讲，治理并非完全否定政府的作用；相反，治理认为政府在社会公共网络管理系统中应扮演"元治理"角色。

从普遍意义来讲，治理是一种协调和管理事务的机制。治理有着明确的目标指向，如果说"统治"的终极目标是实现"善政"（good government），那么治理的目标就是"善治"（good governance）。善治是良好治理的简称，代表着治理发展的理想状态。俞可平教授对善治特征的概括十分经典，他认为善治的根本特征是政府与民众合作管理公共事务的方式和关系。具体体现在以下几个方面：一是合法性（legitimacy），这里更强调实质合法性，即民众从内心对权威和秩序的自觉认可与自愿服从。二是透明性（transparency），政府信息公开，包括公共决策、公共预算、政策执行等与公民利益相关的公共信息，这既是政府的责任，也是公民行使知情权、监督权的关键所在。三是责任性（accountability），责任是主体履行治理任务、落实治理计划、战略或项目的基础。缺乏责任机制，治理计划或战略难以持续推进。责任还具有工具性作用，能促使公共生活管理者将法规遵从作为长期可持续的活动。四是法治（rule of law），依法治理是善治的必然要求。法治作为一项治理原则，要求所有个人、机构和实体，无论公私、身份如何，都要对法律负责，依照既定的规章制度和法律原则行使权力。五是回应性（responsiveness），回应性与责任性紧密相连。从善治角度看，公共机构作为服务人民的机构，必须对人民尽职尽责，积极回应民众诉求。基于回应性的善治能够在民众与公共机构之间建立起稳固的联系。六是有效性（effectiveness），善治排斥低效甚至无效的管理行为，追求更低的投入、更灵活的管理和更优质的服务产出。在一定程度上，管理的有效性越高，善治的程度也就越高。

多元治理理论之所以充满活力，是因为其提供了极具吸引力的分析和行动框架。也正因如此，多元治理理论广泛适用于不同层次和领域。从纵向来看，它可以应用于制度层面塑造中立的国家、社会层面构建自由的公共圈或民间社会、个人层面培养自由的现代行为模式，也体现在全球治理、地区治理、国家治理、组织治理等方面。从横向来看，多元治理理论可用于政治、经济、文化等各个领域的事务治理，城市基层社会治理也能从中获取理论启示。按照治理的逻辑，城市基层社会从管理向治理转变是必然趋势。以往的城市基层社会管理，本质上是国家通过制定一系列法律法规和规章制度，对城市基层社会管理行为进行规范，管理对象是基层社会，主体仅为政府。而城市基层社会治理则是国家通过制度安排，借助社会治理功能解决城市基层社会公共问题、化解矛盾，对象同样是城市基层社会，但主体转变为"政府＋社区＋N"的多元合作模式，政府发挥主导作用，社区居民实现自治，多元主体共同参与治理。在方式上，城市基层社会管理侧重于法律和行政的刚性约束；而治理则更为灵活，更注重人、社会与国家等多元主体的能动性和自主性。总之，对多元治理理论的探讨表明，城市基层社会管理不能局限于行政思维，仅停留在"管"的层面，而应向城市基层社会治理转变。

2.2.3 乡村治理理论

乡村治理理论脱胎于治理理论。治理理论的诞生相对较晚，直至20世纪80年代中后期，才被学术界正式接纳，并逐渐在学术论文的分析研究中崭露头角。其产生的时代背景是，彼时西方发达国家在经济高速增长阶段推行高福利政策,却引发了经济危机。如何应对国家政策转变所衍生的社会问题,成为当时亟待攻克的难题。治理理论的提出,旨在对这些国家政策举措进行提炼与总结,构建起一个理论体系,为系统解决政府公共职能问题以及实现公共服务供给的优化,提供坚实的理论支撑。

最初,治理理论主要聚焦于国家和市场这两个核心要素,如何达成两者之间的平衡,是该理论初期亟待解决的关键问题。最终,在追求公共利益的目标下找到了契合点,即实现国家、市场等要素背后多类主体的共同利益最大化。我国引入治理理论的时间相对较早,20世纪90年代初期,社会主义市场经济理念的提出,使我国在发展进程中也开始面临如何协调国家与市场这两个关键要素关系的问题。于是,众多学者基于中国社会主义市场经济的发展实践,开展了治理理论的研究工作,并结合当时中国经济社会发展的实际状况,进行了深入剖析。总体而言,社会主义市场经济的兴起,推动了治理理论在中国的蓬勃发展,如今它已成为解决社会治理问题不可或缺的理论之一,其核心概念主要体现在对国家和社会、政府和市场关系的处理上。

在国家和社会关系的处理方面,这一关系的探讨由来已久,并非始于20世纪80年代后期。在治理理论诞生之前,国家和社会的关系更多呈现为共生共存,而非竞争态势。然而,治理理论的出现,使两者的竞争关系越发明晰。无论是西方发达国家对公权力约束的诉求,还是我国社会主义国家对提升国家与社会参与度的需求,都将国家与社会的竞争关系摆在眼前。这意味着国家不再是公共产品和服务的唯一提供者,不再大包大揽一切事务。大量社会组织,尤其是非政府组织的涌现,使民众对公共产品和服务的质量要求日益提高。国家需要积极回应民众提升公共产品和服务的诉求,为实现公共利益最大化贡献力量,适当让渡部分权力。从治理理论的视角来看,只有充分调动各方参与的积极性,才能有效提升治理水平和治理能力。在此过程中,还需在保证治理方式科学合理的前提下,实现国家治理的优化，同时充分考虑民众的诉求。

而在政府与市场关系的处理上，这一关系极具代表性。西方发达国家大多遵循市场经济规则，但随着政府权力的扩张，市场地位仍会受到一定影响。在这些国家，两者关系的处理通常以市场为主体，政府主要在公共政策领域发挥作用。因此，西方发达国家治理理论的应用更倾向于市场化路径，即便有政府参与，也多处于辅助地位。随着中国社会主义市场经济的发展，市场在资源配置中起决定性作用的地位逐渐凸显。但从我国的社会主义属性来看，政府在公共政策领域的行动力明显强于西方发达国家。这表明我国在应对市场失灵问题时具有显著优势，这也是我们在应用治理理论时需要关注的要点。当公权力受到过多限制时，政策的积极效应难以充分发挥，此时就需要借助外部力量。

鉴于本书的研究主题较为集中，主要分析新时代十年来的发展状况，通过借鉴最新的理论研究成果以及广泛的研究领域，能够进一步提升本研究的理论价值。本书正是基于这些成果，研究多元治理维度下新时代乡村治理的有效性。主要围绕政府组织治理对新时代乡村治理水平的提升程度及其具体影响，涵盖权力下沉（如干部下沉、上级授权）、资源下沉（包括物质资源、资金资源）和服务下沉（像业务下沉、人员下沉）等方面。通过运用乡村治理理论进行指导和分析，得出相应研究结论，为实现乡村治理的有效性提供有力支撑。

在实际应用中，乡村治理理论作为治理理论的延伸，涵盖了乡村治理的各个层面，既包含对各类参与主体行为的分析，也涉及乡村治理的权力结构、目标结果以及发展定位等内容。部分学者将这些涉及不同学科领域的内容分支，也统称乡村治理理论。本书的研究正是基于乡村治理的这些基本要素展开，其最终目标是实现乡村治理结构的整体优化，构建起振兴乡村的全链条、全过程体系。同时，在尊重各地区特色的基础上，将成熟的路径体系、完善的技术指标等内容进行提炼总结，推广至全国乡村地区，以推动中国乡村振兴事业的蓬勃发展。

2.2.4 嵌入式治理理论

嵌入式治理理论源自社会科学领域的嵌入式理论（Embeddedness Theory）。经济史学家卡尔·波兰尼在其著作《大转型：我们时代的政治与经济起源》中最早提出"嵌入性"概念，他指出人类经济嵌入并缠结于经济与非经济的制度之中，强调将非经济的制度包括在内的重要性，认为经济作为一个制度过程，是嵌入在经济和非经济制度之中的，而互惠、再分配和交换这三种经济活动形式在不同制度环境下的嵌入形态是不同的。马克·格兰诺维特批判了"过度社会化"与"社会化不足"的观点，进一步发展了嵌入性理论，强调组织及其行为受社会关系制约，他指出经济行为和机构不是孤立存在的，而是嵌入持续的、社会化的关系网络中。沙龙·祖金、迪马吉奥等在格兰诺维特的基础上进一步丰富了该理论，提出结构、认知、文化、政治嵌入性等概念，构建了多重维度的分析框架。1995年，埃文斯提出嵌入性自主理论，认为国家发展需嵌入社会关系，结合国家自主性与社会镶嵌性，强调国家对社会的嵌入性治理及协同关系，通过社会中介组织实现间接统治。

21世纪初，嵌入式理论被引入中国，用于研究国家与地方关系、地方治理等。何艳玲提出"嵌入式自治"概念，涉及国家嵌入与地方反嵌。程熙、杨鸣宇认为"嵌入式治理"指利用组织资源影响社会群体，强调社会团体利益同构与差异，构建嵌入式治理模式。李汉林认为制度需嵌入特定社会结构与文化中，否则创新与变迁难以带来效益与稳定。

嵌入式治理作为一种新型的治理方式，强调多元主体参与，除了政府之外，包括市场、民间组织、社区以及个体在内的多元主体共同参与治理过程。

在嵌入式治理中，政府不再是唯一的治理主体，而是与其他主体相互协作、相互补充。政府通过制定政策、提供资源、协调各方等方式，引导和推动治理活动的开展。例如，在城市社区治理中，政府可以通过出台相关政策，鼓励社会组织参与社区服务，提供资金支持和技术指导等。市场主体在嵌入式治理中发挥着重要作用。企业作为市场的主要参与者，可以通过提供产品和服务、创造就业机会、参与社会公益等方式，为治理活动提供物质和技术支持。例如，一些企业可以与社区合作，开展环保项目、文化活动等，既提升了企业的社会形象，又促进了社区的发展。民间组织具有灵活性、专业性和贴近基层的特点，能够在教育、医疗、环保、文化等领域提供多样化的服务。它们可以通过与政府、企业和社区的合作，整合资源，发挥自身优势，共同解决社会问题。例如，一些环保组织可以与政府和企业合作，开展环境监测、污染治理、环保宣传等活动。社区是嵌入式治理的重要基础和平台。社区居民可以通过参与社区事务、组织社区活动、建立社区组织等方式，实现自我管理和自我服务。社区还可以与政府、企业和民间组织合作，共同解决社区内的问题，提高社区的生活质量。个体作为社会的基本单元，在嵌入式治理中也具有重要作用。每个个体都可以通过自身的行为和选择，影响和改变周围的环境。例如，个体可以通过参与志愿服务、垃圾分类、文明行为等，为社会治理作出贡献。

嵌入式治理理论提供了一个全新的视角来分析复杂的社会治理问题，尤其是针对乡村社区治理等基层治理难题。它强调治理主体、治理手段、治理内容和治理机制必须全面嵌入被治理对象的社会结构中，以实现治理目标。

2.3 新质生产力赋能乡村社区治理

在当今时代，乡村社区治理面临着前所未有的机遇与挑战。随着科技的飞速发展和社会的不断进步,新质生产力如同一股强劲的东风,正深刻地改变着乡村的面貌,为乡村社区治理注入了全新的活力,开启了乡村振兴的新篇章。

2.3.1 新质生产力在乡村社区治理中的体现

2.3.1.1 数字化技术的广泛应用

(1) 农业生产智能化。

在乡村社区的田间地头,新质生产力最直观的体现便是农业生产方式的革命性变革。物联网技术宛如一位无形却神通广大的"管家",悄然入驻农业生产领域。通过在土壤中精准布控的传感器,它能够实时、不间断地监测土壤湿度、肥力、酸碱度等关键指标,以及农作物生长的细微动态,如叶片的色泽变化、茎秆的生长速率等。这些数据仿若为农民开启了"上帝视角",让他们对农田状况了如指掌。

智能灌溉系统更是这一变革中的得力"助手",它紧密依据传感器反馈的数据,运用智能算法自动调节灌溉水量与频率。当土壤湿度降至设定阈值,系统便迅速启动,精准地为农作物输送所需水分,既避免了水资源的无端浪费,又确保农作物时刻处于最佳生长环境,大幅提高水资源利用效率。与此同时,无人机植保技术正逐渐成为乡村上空的一道独特"风景线"。在广袤的农田之上,无人机轻盈穿梭,凭借预先设定的航线与作业参数,快速且精准地对大面积农田进行农药喷洒、施肥等关键作业。相较于传统人工劳作,其效率呈几何倍数增长,且能有效减少人力成本投入,降低农民因长时间接触农药带来的健康风险。

(2) 乡村治理信息化。

数字技术恰似一座坚实的桥梁,助力乡村社区治理大步迈向信息化时代。借助先进的软件开发与网络搭建技术,乡村社区构建起功能完备的数字化管理平台。这一平台宛如一个超级"信息中枢",将户籍管理、土地承包、社会保障、医疗卫生等各类繁杂信息进行有机整合,实现了政务服务一网通办。村民们只需轻触手机屏幕,通过专属的应用程序,便能轻松在线办理诸如身份证、户口本等证件的申请,以及农业补贴、低保救助等补贴申报事务,彻底告别往昔烦琐的跑腿流程,大幅提高办事效率。

不仅如此,在关乎乡村发展的公共事务决策环节,数字技术同样大放异彩。在线投票、实时意见征集等创新功能的应用,为村民开辟了便捷、高效的参与渠道。无论是村庄基础设施建设规划的讨论,还是村集体经济发展项目的抉择,村民们都能随时随地发表自己的见解,充分行使民主权利,使乡村治理决策更加贴近民意,彰显民主性,极大地增强了村民对社区治理的参与感与认同感。

2.3.1.2 绿色生态产业的兴起

(1)生态农业发展。

新质生产力为乡村生态农业的蓬勃兴起注入了强大动力。在环保理念与科技力量的双重驱动下,有机农业、循环农业等新兴产业形态如雨后春笋般在乡村社区崭露头角。以一些具有前瞻性眼光的乡村为例,当地农民巧妙构建"猪—沼—果"生态循环农业模式,开启了一条绿色致富之路。在这一模式中,生猪养殖环节产生的粪便并非传统处理方式下的随意排放,污染周边环境,而是被有序收集,输送至沼气池进行厌氧发酵。发酵过程中产生的沼气,成为农户日常生活中的清洁能源,用于烧水做饭、照明取暖,极大地降低了对传统化石能源的依赖。而沼气池产出的沼液和沼渣富含氮、磷、钾等多种农作物生长所需的营养元素,摇身一变成为果园施肥的优质有机肥料。如此循环往复,既实现了养殖废弃物的资源化利用,有效减少环境污染,又为水果种植提供了天然、绿色的养分补给,显著提升农产品的品质,使其在市场上备受青睐,附加值大幅提高。

(2) 乡村旅游生态化。

乡村旅游作为乡村社区经济发展的重要支柱产业，在新质生产力的催化下，正经历着一场深刻的生态化转型。越来越多的乡村依托本地得天独厚的自然风光与丰富多样的生态资源，摒弃传统粗放式旅游开发模式，转而精心打造绿色旅游产品。生态观光项目让游客置身于青山绿水、鸟语花香之中，近距离感受大自然的神奇魅力；森林康养项目凭借森林中富含的负氧离子等有益健康元素，吸引都市人群前来放松身心、调养体魄；田园漫步项目则为游客提供了亲近农事、体验农耕乐趣的绝佳机会。

一些乡村社区更是独具匠心，利用本地特色资源打造生态民宿。在民宿建设过程中，秉持环保理念，大量选用可再生、无污染的环保材料，从建筑墙体的砖石到室内装饰的家具，无一不体现绿色匠心。同时，民宿经营者还致力于提供生态餐饮服务，食材多取自本地农家自产的绿色蔬菜、瓜果以及散养家禽家畜，采用传统、健康的烹饪方式，让游客品尝到原汁原味的乡村美食。通过这些生态化举措，乡村旅游成功实现从传统观光型向生态休闲型的华丽转身，吸引着越来越多追求高品质生态体验的游客纷至沓来。

2.3.1.3 新型经营主体的涌现

(1) 农业企业的带动作用。

新质生产力的蓬勃发展如同一块强大的磁石，吸引着大量农业企业纷纷投身乡村社区建设。这些企业宛如一艘艘航母，凭借自身雄厚的资金实力、先进的生产技术、科学高效的管理经验以及广阔畅通的市场渠道，为乡村经济发展注入磅礴动力。例如，一些颇具规模的农业企业在乡村建立起现代化的种植基地，宛如一座农业科技的"大观园"。在这里，滴灌、无土栽培等前沿种植技术得到广泛应用，智能温室大棚精准调控温湿度、光照、二氧化碳浓度等环境参数，确保农作物四季苗壮成长。周边农户在企业的示范引领下，目睹新技术带来的显著效益，纷纷效仿，积极采用新的种植模式与技术，实现了农业生产的提质增效。

同时，企业通过订单农业这一紧密联结农户与市场的"纽带"，与农户签订具有法律效力的收购合同，明确农产品的品种、质量标准、收购价格与时间等关键条款，为农户吃下"定心丸"，有效保障农户的收益稳定。这种合作模式不仅促进了小农户与现代农业的有机衔接，实现了产业协同发展，还为乡村社区治理营造了良好的经济生态，推动乡村朝着产业兴旺的目标大步迈进。

（2）农民专业合作社的整合功能。

农民专业合作社作为乡村社区中成长起来的新型经营主体，在乡村治理进程中发挥着不可或缺的整合功能。它犹如一条坚韧的绳索，将原本分散经营、单打独斗的农户紧密团结在一起，实现生产资料的统一采购、农产品的统一销售以及技术培训、品牌建设等多方面的协同发展。以水果种植乡村为例，合作社充分发挥规模优势，集中采购优质种苗、化肥、农药等生产资料，凭借批量采购的议价能力，有效降低生产成本。在农产品销售环节，合作社更是大显身手，引进先进的水果分拣设备和精美包装技术，依据水果的大小、色泽、甜度等指标进行精细分拣，为不同品质的水果量身定制包装方案，大幅提高水果的商品化程度，提升市场竞争力。

此外，合作社还积极组织开展各类技术培训活动，邀请农业专家、技术能手为农户传授水果修剪、病虫害防治、采摘后保鲜等实用技术，不断提升农户的专业素养。同时，注重品牌建设，注册具有地域特色的水果品牌，通过广告宣传、参加农产品展销会等方式，提升品牌知名度与美誉度，让乡村水果走出"深闺"，畅销市场，实现农户增产又增收，为乡村社区的繁荣稳定奠定坚实基础。

2.3.2 新质生产力对乡村社区治理的作用

2.3.2.1 提升治理效率

(1) 精准决策。

新质生产力孕育而生的大数据分析技术,宛如乡村社区治理决策的"智慧大脑",为决策者提供了前所未有的精准依据。通过对海量、繁杂的农业生产数据、农产品市场销售数据、村民需求数据等进行深度挖掘与系统分析,乡村治理者仿佛拥有了"透视眼",能够精准洞察乡村经济社会发展的趋势动态与潜在问题。例如,依据农产品市场价格的长期波动数据,结合本地农作物种植面积、品种结构等信息,运用专业的数据模型进行模拟预测,提前制定科学合理的农产品种植结构调整策略。当预测到某种农产品市场供过于求、价格可能下滑时,及时引导农户减少种植面积,改种市场需求旺盛的品种,有效规避农产品滞销风险,保障农户经济收益。

(2) 高效服务。

借助数字化技术的强大赋能,乡村社区的公共服务供给开启了"高速通道",变得更加高效便捷。在医疗卫生领域,远程医疗系统打破了城乡医疗资源分布不均的"壁垒",让乡村医生与城市大医院的专家能够跨越时空界限,实现实时在线会诊。通过高清视频传输、电子病历共享等技术手段,乡村患者的病情能够得到专家的精准诊断,及时获得科学有效的治疗方案,为患者赢得宝贵的救治时间,极大提升了乡村医疗服务质量。在教育方面,在线教育资源的广泛共享宛如一场"知识春雨",滋润着乡村学生的心田。借助网络平台,乡村学校的孩子们能够同步学习城市优质学校的课程,聆听名师授课,接触到前沿的知识与学习方法,弥补了乡村教育资源相对匮乏的短板,为乡村孩子的成长成才拓宽了道路,助力乡村教育实现质的飞跃。

2.3.2.2 促进经济发展

(1) 产业升级。

新质生产力恰似一根神奇的"魔法棒",驱动乡村产业从传统的粗放式经营向现代化、精细化转型升级。以农产品加工为例,往昔乡村的农产品加工多停留在简单粗加工阶段,产品附加值极低。随着新质生产力的深度渗透,一系列先进的加工技术和高端设备纷纷入驻乡村。例如,采用超微粉碎技术将农产品原料加工成微米甚至纳米级别的微粒,开发出营养保健品、功能性食品等高科技含量、高附加值的产品。这些产品不仅满足了消费者日益多样化、高端化的需求,还延长了农业产业链,将更多的利润留在乡村,为乡村经济发展注入源源不断的动力。

(2) 就业增收。

新质生产力催生的新兴产业如同一座座"富矿",为乡村社区居民挖掘出更多的就业机会。除了传统的农业生产岗位外,数字经济产业的蓬勃发展创造出电商运营、数据标注、网络客服等一系列全新的就业岗位。许多返乡青年凭借自身对互联网的熟悉与热爱,投身电商创业浪潮,通过开设网店、运营社交媒体账号等方式,将家乡的特色农产品推向全国乃至全球市场,不仅实现了个人致富梦想,还带动了周边村民就业增收。乡村旅游的持续繁荣同样带动了餐饮、住宿、导游、民俗表演等服务业的蓬勃发展,拓宽了村民的增收渠道。村民们或是经营农家乐,凭借地道的农家美食吸引游客;或是开办民宿,为游客提供温馨舒适的住宿环境;或是担任导游,向游客讲述乡村的历史文化与风土人情,在不同岗位上收获着经济回报,使乡村居民收入水平稳步提高,生活质量显著改善。

2.3.2.3 增强社会凝聚力

(1) 人才回流。

新质生产力营造出的良好发展环境,宛如一块强大的"吸铁石",吸引着人才回流乡村。往昔，由于乡村发展机会有限、基础设施落后等诸多因素，大量有技术、有知识的年轻人纷纷背井离乡，奔赴城市寻求发展机遇。然而，随着新质生产力在乡村大地的生根发芽，乡村展现出前所未有的发展潜力与活力。智能农业、乡村电商、生态旅游等新兴产业蓬勃兴起，为年轻人提供了广阔的创业就业平台。返乡青年们怀揣着对家乡的热爱与对未来的憧憬，带着在城市积累的技术、知识和资金毅然回归。他们有的利用电商平台销售家乡农产品，有的创办农业科技公司推广先进种植技术，有的开发生态旅游项目助力乡村文旅融合发展。这些返乡人才不仅自身获得了丰厚的经济回报，实现了人生价值，还带动了周边村民共同发展，成为乡村社区治理的新生力量，极大地增强了村民对社区的认同感和归属感，让乡村重新焕发出勃勃生机。

（2）社区参与。

新质生产力带来的产业发展与治理创新，恰似一把把"火种"，激发了村民参与社区事务的热情与积极性。在生态农业发展进程中，村民通过参与农民专业合作社的生产经营活动，共同商讨制定生产标准、管理制度以及利益分配方案，在频繁的交流协作中增强了合作意识与团队精神。在乡村旅游开发过程中，村民们积极参与旅游项目的建设与服务，或是参与民宿的装修布置，或是加入民俗表演队伍，或是为游客提供特色农产品销售服务。在这一过程中，村民们深刻认识到社区发展与个人利益息息相关，对社区的公共事务更加关心，主动为乡村发展建言献策，积极参与环境整治、文化传承等活动，促进了乡村社区的和谐稳定，形成了共建共治共享的良好治理格局。

综上所述，新质生产力在乡村社区治理中从多个维度展现出强大的力量，无论是数字化技术的广泛应用、绿色生态产业的兴起，还是新型经营主体的涌现，都为乡村带来了翻天覆地的变化。它在提升治理效率、促进经济发展、增强社会凝聚力等方面发挥着不可替代的作用，为乡村振兴战略的实施提供了坚实有力的支撑，让乡村迈向更加繁荣、美好的未来。

第 3 章

中国乡村社区治理变迁

3.1 中国乡村社区治理的演进

3.1.1 中国乡村社区治理发展变迁

从 1978 年到 2024 年,中国的改革开放已经进行了 46 年,乡村社会治理作为国家治理和基层治理的重要组成部分,也在实践中不断探索、发展。新中国成立初期,乡村实行高度集中管理模式,以行政指令推动建设。改革开放后,村民自治兴起,村民参与度提升。进入新时代,治理理念转向服务与多元共治,网格化、"互联网+"等创新模式涌现,持续推动乡村治理现代化进程。

回顾改革开放以来中国乡村社会治理的演进历程,对于推进国家治理体系和治理能力的现代化具有重要的理论价值和现实意义。中国乡村治理的发展变迁史如表 3.1 所示。

表 3.1　　中国乡村治理的发展变迁

时期	政权设置	内容及特征	影响
新中国成立初期（1949~1984 年）	政社合一	生产活动由生产大队按照上级命令统一组织生产,"大锅饭"和"平均主义"成为当时的主流观念	其政治权力和生产能力的高度集中,使农村资源实现了高度的整合,在当时起到了维护农村社会稳定的积极作用,也给当时的工业发展提供了良好的社会环境和重要保障

续表

时期	政权设置	内容及特征	影响
新中国成立初期（1949～1984年）	政社分设	农村家庭联产承包责任制	"政社分设"在当时对于扭转生产关系方面确实有不可磨灭的贡献，但当时并没有对乡村社会治理改革进行具体的部署
改革开放时期（1984～2017年）	乡政村治	行政权在乡镇，代为行使国家行政管理职能，但不参与乡村社会直接具体的管理事务；乡（镇）下的村建立的村民委员会对乡村具体事务的管理拥有自治权，可以自行处理乡村事务	其核心是村民自治。"乡政村治"体制实现了中国历史上第一个以个人为主体进入政治领域行使人民主权利的先例，它不仅具有政权的行政性和集权性，同时也兼具村民自治的自主性和民主性
社会主义新时代时期（党的十九大至今）	三治结合	实施乡村振兴战略，健全自治、法治、德治相结合的乡村社会治理体系	"三治结合"是在新时代背景下我党对于乡村社会治理提出的新举措，此举不仅为乡村社会治理提供了稳定的发展环境，也有助于乡村社会的和谐有序发展，形成更好的乡风和民风，为乡村振兴目标提供坚实基础

从对中国乡村治理的发展变迁梳理中可以看到，乡村治理随着国家治国理政大政方针的变迁而变迁。

新中国成立初期，国家致力于实现工业化，乡村治理围绕农业支持工业的战略展开。通过建立人民公社体制，将分散的农民组织起来，集中力量进行大规模农业生产，为国家工业化提供了坚实的物质基础。这一时期，乡村治理呈现高度集中统一的特点，有效保障了国家粮食安全和工业发展需求。

改革开放后，家庭联产承包责任制的推行，打破了人民公社体制下的平均主义。国家政策转向激发农民生产积极性，赋予农民生产经营自主权。村民自治制度应运而生，村民开始自我管理、自我教育、自我服务，乡村治理主体走向多元化，极大地释放了农村生产力，推动了农村经济的快速发展。

进入新时代，乡村振兴战略成为国家发展的重要举措。此时的乡村治理，以产业兴旺、生态宜居、乡风文明、治理有效、生活富裕为总目标，强调政府、市场、社会等多元主体协同共治。在政策引导下，互联网、大数据等现代技术广泛应用于乡村治理，提升了治理效能，促进了乡村产业融合发展、生态环境保护和基层民主建设。

可见，不同时期国家大政方针为乡村治理指明方向，从集中管理到自主发展，再到多元协同的现代化治理，乡村治理不断适应时代需求，推动着乡村迈向繁荣。

3.1.2 新时代乡村社区治理理念的转变

3.1.2.1 从管控到服务的理念转变

在传统乡村社区治理中，管控理念占据主导地位。政府主要通过行政命令、规章制度等手段对乡村事务进行管理，强调对乡村社会秩序的维护和对村民行为的规范。这种管控式治理在一定历史时期内对于维护乡村稳定、推动乡村发展起到了积极作用。

然而，随着我国经济社会的快速发展，乡村社会结构发生了深刻变化，村民的民主意识、权利意识和参与意识不断增强，对乡村治理的需求也日益多样化。在这种背景下，管控式治理理念的局限性逐渐显现出来，它难以充分调动村民的积极性、主动性和创造性，也无法有效满足村民对公共服务、社会公平正义等方面的需求。

新时代，乡村社区治理理念发生了根本性转变，从传统的管控理念向服务理念转变。服务理念强调以村民为中心，将满足村民的需求、增进村民的福祉作为乡村治理的出发点和落脚点。政府在乡村治理中的角色也从单纯的管理者转变为服务的提供者和引导者。政府通过制定和实施相关政策，加大对乡村公共服务的投入，改善乡村基础设施条件，提高乡村教育、医疗、文化等公共服务水平，为村民提供更加优质、高效、便捷的公共服务。同时，政府还积极引导和鼓励社会组织、企业等多元主体参与乡村治理，共同为村民提供多样化的服务，满足村民日益增长的美好生活需要。

3.1.2.2 从单一主体到多元共治的理念转变

在过去较长一段时间里，我国乡村社区治理主要依赖于单一主体，即政府。政府在乡村治理中扮演着主导角色，几乎包揽了乡村所有事务的管理和决策。这种单一主体治理模式在特定历史时期具有一定的合理性和必然性。在新中国成立初期，我国乡村社会面临着诸多问题和挑战，如贫困、落后、基础设施薄弱、社会秩序不稳定等。在这种情况下，政府凭借其强大的行政资源和动员能力，能够迅速有效地组织和实施乡村建设和治理工作，推动乡村社会的稳定和发展。

然而，随着我国改革开放的不断深入和社会主义市场经济的快速发展，乡村社会结构发生了深刻变化，利益主体日益多元化，乡村事务也变得更加复杂多样。在这种新形势下，单一主体治理模式的弊端逐渐凸显出来。一方面，政府在乡村治理中面临着巨大的压力和挑战，由于政府资源有限，难以对乡村所有事务进行全面、深入、有效的管理和服务，导致乡村治理效率低下、服务质量不高。另一方面，单一主体治理模式忽视了乡村其他主体的作用和价值，如村民、社会组织、企业等，导致这些主体参与乡村治理的积极性和主动性不高，无法充分发挥他们在乡村治理中的优势和作用，从而影响了乡村治理的效果和质量。

新时代，乡村社区治理理念发生了重大转变，从传统的单一主体治理理念向多元共治理念转变。多元共治理念强调乡村治理是一个多元主体共同参与、协同合作的过程。在乡村多元共治格局中，政府、村民、社会组织、企业等多元主体都具有重要的地位和作用，它们相互依存、相互制约、相互促进，共同推动乡村治理的发展和进步。

政府在乡村多元共治中仍然发挥着主导作用。政府通过制定和完善相关法律法规和政策制度，为乡村多元共治提供制度保障和政策支持。政府还加大对乡村公共服务的投入，改善乡村基础设施条件，提高乡村教育、医疗、文化等公共服务水平，为乡村多元共治创造良好的环境和条件。同时，政府还积极引导和鼓励其他多元主体参与乡村治理，搭建多元主体参与乡村治理的平台和渠道，加强对多元主体参与乡村治理的培训和指导，提高多元主体参与乡村治理的能力和水平。村民是乡村多元共治的核心主体。村民作为乡村社会的主人，对乡村事务具有最直接的感受和最深刻的认识，他们的参与和支持是乡村多元共治取得成功的关键。因此，要充分尊重村民的主体地位和民主权利，激发村民参与乡村治理的积极性、主动性和创造性。通过加强村民自治组织建设，完善村民自治制度，拓宽村民参与乡村治理的途径和方式，如村民会议、村民代表会议、村务公开、民主评议等，让村民能够充分表达自己的意愿和诉求，参与乡村事务的决策、管理和监督，切实保障村民的合法权益。

社会组织和企业是乡村多元共治的重要力量。社会组织具有专业性、灵活性、公益性等特点，能够为乡村治理提供多样化的服务和支持，如开展乡村教育、医疗、文化、环保等公益活动，提供农业技术咨询、农产品市场推广等专业服务，参与乡村矛盾纠纷调解、社会治安综合治理等工作。企业则具有资金、技术、人才、市场等方面的优势，能够通过投资兴业、产业扶贫、电商下乡等方式，为乡村经济发展注入新的活力，带动村民增收致富，同时也能够为乡村治理提供一定的物质基础和支持。因此，要积极引导和鼓励社会组织和企业参与乡村治理，通过制定和实施相关政策措施，如税收优惠、财政补贴、项目扶持等，为社会组织和企业参与乡村治理创造良好的政策环境和条件。同时，要加强对社会组织和企业参与乡村治理的规范和管理，建立健全相关的监督评估机制，确保社会组织和企业在参与乡村治理过程中能够依法依规开展活动，切实履行社会责任，为乡村治理和发展作出积极贡献。

3.1.3 新时代乡村社区治理模式的创新

3.1.3.1 网格化治理模式的应用与发展

网格化治理模式是一种将管理区域划分为若干个网格单元，通过整合各方面资源，建立起高效的信息传递和问题解决机制的治理模式。该模式最早应用于城市管理领域，随着其优势的逐渐显现，在新时代，网格化治理模式开始在乡村社区治理中得到广泛应用与发展。

在乡村社区治理中应用网格化治理模式，首先要科学合理地划分网格。通常以村民小组、自然村或一定数量的农户为基本单位划分网格，确保每个网格的管理幅度适中，便于网格员开展工作。每个网格配备一名或多名网格员，网格员一般由熟悉当地情况、责任心强的村民担任。网格员的主要职责是负责收集和反馈网格内的各类信息，包括村民的意见和建议、矛盾纠纷、安全隐患、环境卫生等情况，并及时将相关信息上报给网格管理中心。同时，网格员还要协助网格管理中心开展政策宣传、事务办理、矛盾调解等工作，成为连接政府与村民的桥梁和纽带。

为了确保网格化治理模式在乡村社区治理中能够有效运行，还需要建立健全相关的配套机制和平台。一方面，要建立网格管理中心，作为网格化治理的指挥中枢。网格管理中心负责对网格员上报的信息进行汇总、分析和研判，并根据问题的性质和严重程度，及时协调相关部门和人员进行处理。同时，网格管理中心还要负责对网格员的工作进行监督和考核，确保网格员能够认真履行职责，及时准确地收集和反馈信息。另一方面，要搭建信息化管理平台，实现网格信息的实时共享和动态管理。通过在信息化管理平台上设置信息采集、处理、反馈等功能模块，网格员可以通过手机 APP 或电脑客户端等方式，将收集到的信息及时上传到信息化管理平台上。同时，相关部门和人员也可以通过信息化管理平台，实时了解网格内的各类信息和问题处理情况，并及时进行协调和指导。信息化管理平台的搭建，不仅提高了网格信息的收集、处理和反馈效率，也为乡村社区治理的科学决策提供了有力的数据支持。

网格化治理模式在乡村社区治理中的应用与发展，取得了显著的成效。通过科学合理地划分网格和配备网格员，实现了乡村社区治理的精细化和全覆盖。网格员能够及时了解和掌握网格内村民的需求和问题，并将相关信息上报给网格管理中心，使政府能够更加准确地把握乡村社会的脉搏，及时制定和调整相关政策措施，为村民提供更加精准、高效的服务。同时，网格化治理模式还建立了一套高效的矛盾纠纷排查化解机制。网格员在日常工作中，能够及时发现和掌握网格内的矛盾纠纷隐患，并及时上报给网格管理中心。网格管理中心根据矛盾纠纷的性质和严重程度，及时协调相关部门和人员进行处理。通过这种方式，将大量的矛盾纠纷化解在基层，消除在萌芽状态，有效维护了乡村社会的和谐稳定。此外，网格化治理模式还促进了乡村社区治理的协同化和多元化。通过建立网格管理中心和信息化管理平台，实现了政府各部门之间、政府与社会组织之间、政府与村民之间的信息共享和协同合作。同时，网格化治理模式还鼓励和引导社会组织、企业等多元主体参与乡村社区治理，共同为村民提供多样化的服务和支持，形成了共建共治共享的乡村社区治理新格局。

3.1.3.2 "互联网 + 乡村治理"模式的兴起

随着信息技术的飞速发展，互联网已经渗透到社会生活的各个领域。在新时代乡村社区治理中，"互联网 + 乡村治理"模式应运而生，并逐渐兴起。该模式将互联网技术与乡村治理深度融合，通过搭建互联网平台，整合各类资源,创新治理方式和手段,为乡村社区治理带来了新的机遇和活力。

"互联网+乡村治理"模式的核心是搭建一个综合性的互联网治理平台。这个平台通常包括政务服务、公共服务、社会治理、经济发展等多个功能模块,涵盖了乡村社区治理的各个方面。通过这个平台,政府可以将各类政务服务事项进行整合,实现网上办事、一站式服务,提高政务服务的效率和质量。例如,村民可以通过互联网治理平台在线办理户籍业务、社保医保缴费、民政救助申请等事项,无须再到政府部门窗口排队办理,极大节省了时间和精力。同时,互联网治理平台还可以整合各类公共服务资源,为村民提供更加便捷、高效的公共服务。例如,通过与教育、医疗、文化等部门合作,在互联网治理平台上开设在线教育课程、远程医疗咨询、文化活动预约等服务项目,让村民在家中就能享受到优质的公共服务资源,有效解决了乡村公共服务资源短缺、服务质量不高等问题。在社会治理方面,"互联网+乡村治理"模式利用互联网技术创新了乡村社会治理方式和手段。通过在互联网治理平台上设置信息采集、矛盾纠纷排查化解、社会治安综合治理等功能模块,实现了乡村社会治理的信息化、智能化和精细化。例如,政府可以通过互联网治理平台收集村民的意见和建议、矛盾纠纷隐患、安全隐患等信息,并及时进行分析和研判,采取有针对性的措施进行处理。同时,互联网治理平台还可以利用大数据分析技术,对乡村社会治理中的各类数据进行深度挖掘和分析,为政府制定科学合理的社会治理政策提供数据支持和决策依据。此外,"互联网+乡村治理"模式还通过搭建网上议事厅、村民论坛等平台,拓宽了村民参与乡村治理的渠道和方式,激发了村民参与乡村治理的积极性、主动性和创造性。村民可以通过这些平台就乡村事务发表自己的看法和建议,参与乡村事务的决策、管理和监督,切实保障了村民的民主权利,促进了乡村治理的民主化和科学化。

在经济发展方面,"互联网+乡村治理"模式为乡村经济发展提供了新的动力和机遇。通过互联网治理平台,政府可以加强对乡村产业的规划和引导,整合各类资源,推动乡村产业的转型升级和融合发展。例如,政府可以通过互联网治理平台发布乡村产业发展政策、市场信息、技术服务等内容,引导农民和企业调整产业结构,发展特色农业、农村电商、乡村旅游等新兴产业。同时,互联网治理平台还可以为乡村企业和农民提供融资服务、技术支持、人才培训等方面的帮助,解决乡村产业发展中面临的资金短缺、技术落后、人才匮乏等问题。此外,"互联网+乡村治理"模式还通过发展农村电商,拓宽了农产品的销售渠道,提高了农产品的附加值,增加了农民的收入。农民可以通过互联网治理平台上的电商平台,将自己种植的农产品直接销售给消费者,减少了中间环节,提高了农产品的价格竞争力。同时,通过电商平台的大数据分析功能,农民还可以了解市场需求和消费者偏好,及时调整种植结构和农产品品种,生产出符合市场需求的优质农产品,进一步提高了农产品的附加值和农民的收入水平。

"互联网+乡村治理"模式的兴起,为新时代乡村社区治理带来了深刻的变革。它不仅提高了乡村治理的效率和质量,创新了乡村治理的方式和手段,还促进了乡村经济的发展和社会的进步,为实现乡村振兴战略目标提供了有力的支撑。然而,在"互联网+乡村治理"模式的推广和应用过程中,也面临着一些问题和挑战,如乡村互联网基础设施建设不完善、农民的互联网应用技能水平较低、网络安全和信息保护问题等。针对这些问题,政府需要加大对乡村互联网基础设施建设的投入,提高乡村互联网的覆盖率和质量;加强对农民的互联网应用技能培训,提高农民的互联网应用能力和水平;建立健全网络安全和信息保护制度,加强对互联网治理平台的安全管理和监督,确保网络安全和信息保护,为"互联网+乡村治理"模式的健康发展创造良好的环境和条件。

3.1.4 新时代乡村社区治理主体的多元化

3.1.4.1 政府角色的转变与优化

在新时代乡村社区治理中，政府角色经历了显著的转变与优化。传统乡村治理模式下，政府往往以全能型的管理者角色出现，对乡村事务大包大揽，直接干预乡村的经济、社会、文化等各个方面的发展。这种管理模式在一定历史时期内对推动乡村发展起到了积极作用，但随着时代的发展和乡村社会结构的变化，其弊端也逐渐显现出来。例如，政府对乡村事务的过度干预，导致乡村基层组织和村民的积极性、主动性和创造性受到抑制，乡村治理的效率和质量低下；政府在乡村治理中的资源配置不合理，导致乡村公共服务供给不足，基础设施建设滞后，无法满足乡村居民日益增长的美好生活需要。

为了适应新时代乡村社区治理的需要，政府角色发生了深刻的转变与优化。一方面，政府从全能型管理者向有限型管理者转变。政府认识到在乡村治理中自身的能力和资源是有限的，不可能对乡村所有事务进行全面、深入、有效的管理和服务。因此，政府开始主动调整自身的职能定位，将一些可以由市场和社会承担的职能剥离出去，交给市场和社会主体来承担。例如，在乡村经济发展方面，政府不再直接干预企业的生产经营活动，而是通过制定产业政策、提供公共服务、优化营商环境等方式，引导和支持企业的发展，充分发挥市场在资源配置中的决定性作用。在乡村社会治理方面，政府也开始积极引导和鼓励社会组织、企业、村民等多元主体参与乡村治理，共同承担乡村社会治理的责任，形成共建共治共享的乡村社会治理格局。

另一方面，政府从管理型政府向服务型政府转变。在新时代乡村社区治理中，政府更加注重以乡村居民为中心，将满足乡村居民的需求、增进乡村居民的福祉作为乡村治理的出发点和落脚点。政府通过加大对乡村公共服务的投入，改善乡村基础设施条件，提高乡村教育、医疗、文化等公共服务水平，为乡村居民提供更加优质、高效、便捷的公共服务。例如，政府加大对乡村教育的投入，改善乡村学校的办学条件，提高乡村教师的待遇，加强对乡村教师的培训，提高乡村教育的质量和水平，让乡村孩子能够享受到公平而有质量的教育。在医疗方面，政府加大对乡村医疗卫生机构的建设和投入，改善乡村医疗卫生条件，提高乡村医疗卫生服务水平，加强对乡村医生的培训和管理，提高乡村医生的业务能力和水平，让乡村居民能够享受到更加便捷、高效的医疗卫生服务。同时，政府还积极引导和鼓励社会组织、企业等多元主体参与乡村公共服务供给，共同为乡村居民提供多样化的公共服务，满足乡村居民日益增长的美好生活需要。

此外，政府在乡村社区治理中的角色还体现在加强宏观调控和政策引导方面。政府通过制定和完善相关法律法规和政策制度，为乡村社区治理提供制度保障和政策支持。政府还加大对乡村基础设施建设、公共服务供给、生态环境保护等方面的投入，改善乡村发展环境，为乡村社区治理创造良好的条件。同时，政府还通过加强对乡村经济社会发展的规划和引导，明确乡村发展的目标和方向，优化乡村产业结构，促进乡村经济社会的协调发展。例如，政府制定乡村振兴战略规划，明确提出了乡村振兴的总体目标、基本原则、主要任务和保障措施，为新时代乡村社区治理提供了行动指南。政府还通过制定和实施相关产业政策，引导和支持乡村发展特色农业、农村电商、乡村旅游等新兴产业，促进乡村产业的转型升级和融合发展，为乡村经济发展注入新的活力。

3.1.4.2 社会组织参与乡村社区治理的拓展

社会组织作为乡村社区治理的重要主体之一，在新时代乡村社区治理中发挥着越来越重要的作用，其参与乡村社区治理的领域和范围也在不断拓展。

社会组织参与乡村社区治理的拓展首先体现在公共服务领域。随着乡村居民生活水平的提高和对美好生活的向往，他们对公共服务的需求日益多样化和个性化。然而，传统的由政府主导的公共服务供给模式往往难以满足乡村居民的实际需求。在这种情况下，社会组织凭借其专业性、灵活性和公益性等特点，能够为乡村居民提供多样化的公共服务，弥补政府公共服务供给的不足。例如，一些教育类社会组织通过开展支教活动、捐赠图书和学习用品、建设乡村学校图书馆等方式，为乡村孩子提供了更加优质的教育资源，改善了乡村教育条件。一些医疗类社会组织则通过组织医疗专家下乡义诊、开展健康讲座、捐赠医疗设备和药品等方式，为乡村居民提供了更加便捷、高效的医疗卫生服务，提高了乡村居民的健康水平。此外，还有一些文化类社会组织通过举办乡村文化节、开展民俗文化活动、建设乡村文化礼堂等方式，丰富了乡村居民的精神文化生活，促进了乡村文化。

3.2 当前乡村社区治理中的组织协同情况与特征

乡村社区治理中的组织协同，是指在乡村发展过程中，政府部门、村民自治组织、社会组织、企业及村民等多元主体，为实现乡村经济发展、公共服务提升、社会和谐稳定等目标，通过资源共享、信息互通、行动配合等方式开展的协同合作。这种协同打破了各组织间的壁垒，整合各方优势，形成强大合力，共同应对乡村社区面临的各种问题与挑战。针对当前乡村社区治理中组织协同的情况与特征展开分析，其中主要是将组织协同的两大分类（纵向协同和横向协同）情况进行了深入分析。

3.2.1 纵向协同情况与特征

坚持党的集中统一领导是乡村治理工作的首要任务。中国共产党始终把村民群众当成是治国理政的基础，始终把乡村地区当成是中国共产党的重要根基。我们提出国家治理体系和治理能力建设，其中关键落脚点还是在乡村地区。中国在推进乡村治理有效性工作首先就是要坚持党的领导。党指导乡村地区工作不是一句空话，而是要用实际行动来推进乡村治理，为打造新时代乡村地区新面貌提供行动方案和具体指南。在具体实施过程中，如何将中国共产党联系群众的政治优势转化为提升乡村治理有效性的现实支撑是首先需要思考的问题。在基层政府和村民自治组织之外，我们要积极发挥基层党组织的监督作用，特别是基层党支部在乡村地区的指导职能，要积极参与乡村地区公共事务的研究讨论及相关机构的决策，进一步优化党领导基层组织的机制。

在党组协同过程中，在基层的探索中积极加强村民小组或自然村党组织建设，形成了一些有益经验。例如，强化政治引领功能，充分发挥基层党组织领导核心作用和党员先锋模范作用。高度重视党对村民自治组织的领导，有效发挥党组织的凝聚力，在人数较多或者较为集中的村民小组（自然村落）等乡村地区组织中设置相应党组织，确保党对基层自治组织的有效指导和必要决策。同时确保基层党组织受上级党组织的集中统一领导，严格按照党内要求和党在基层及乡村治理中的公共政策执行，充分发挥其在服务群众中的正面影响，确保党的影响全面深入。对于一些缺少党组织活动或者存在软弱涣散情况的基层地区，要积极做好党组织的覆盖工作，引导青年村民积极参与。提升乡村治理有效性水平还需要充分发挥社会组织的积极作用，特别是对于中国共产党和国家经过长期实践所构建的村民自治组织体系，还需要在新时代乡村治理过程中得到进一步提升。通过必要的公共政策措施来规范村民自治组织行为,将村民自治理念切实体现在基层治理的始终。以加强村民自治组织力量为目标,推动乡村治理有效性的自我革命与改进。同时,根据全面依法治国的要求,在乡村地区贯彻落实法治思想,推动乡村地区公共事务的法治化水平提升,重点解决村民群众间矛盾纠纷,打造和谐乡村,将法治思想理念灌输到村民群众心中。

乡村治理现代化的重要表现是制度化和规范化,这有赖于建立健全乡村治理体系的监督保障机制。这就是县乡协同的落脚点,县级政府和乡级政府要积极履行基层政府监督职责,特别是对涉及乡村地区公共事务的处置,要切实发挥基层政府的监督作用。重点针对其中可能出现的不合规、不合法问题进行纠正,确保乡村地区公共事务合法合规运转。同时要严格监督村民自治组织的选拔环节,要重点针对其中可能存在的不合规行为进行处理,对于"村霸"现象要坚决杜绝,严禁涉黑人员参与村民自治组织。

3.2.2 横向协同情况与特征

作为国家治理、基层社会建设基础环节的乡村治理要取得实效,必须党委政府、村民自治组织、社会与个人的协同共治,以实现乡村治理优化提升。在这一过程中,村民自治组织的作用就显现出来了。村民自治组织作为乡村治理的最基础的平台,是各类主体参与乡村治理的重要中介,根据我国关于村民自治试点方案的政策要求,部分乡村地区的实践已经取得一些有益经验。其中借鉴现代企业管理中设置的新型议事协调机构(理事会、监事会等)发挥了积极作用。这些探索实践,为解决村民自治制度面临的发展壮大农村集体经济难、村民意愿表达不畅、村民小组内部公益事业难办等突出问题提供了新的思路,也充分结合了乡村地区现状,以调动各类利益主体为目标,实现了横向合力,共同促进乡村治理有效性。同时,还充分调动了党委政府以及村民自治组织的积极性,为实现乡村治理提供了新的探索实践样本。

在社会组织协同方面,不同地方也进行了一些尝试。如上面所说,村民理事会的构建是一个比较有价值的试点。这种借鉴企业管理手段的方法有着比较突出的适用性,在确保基层党组织和村民自治组织的共同监督下,村民理事会的成立能够充分发挥其在公共事务上的积极作用,包括但不限于对乡村地区资金使用情况、基础设施建设情况、集体资产处置情况、集体经济发展情况等进行必要的沟通协调,解决多类利益主体间的利益纠纷、村民与村民间的利益冲突,将村民的真实意图反映给基层组织或政府。在这一过程中,部分地区还充分利用传统乡村治理中的有益经验,如乡约等,积极推广新时代的新风尚,抵制封建迷信。

同时,村民理事会还可以发挥其在办理公益事业、服务生产生活中的作用。除去对利益统筹方面的指导和帮助,理事会还能够在推动公共事务的落地见效方面发挥作用。其中包括上述提到的基础设施的后续维护和日常管养等方面,在推动公共政策长期有效性方面,需要这样的议事协调机构来执行。乡村治理是一个需要长期坚持的重要事业,在基层社会治理过程中,需要将理事会这样的好制度、好方法进一步推广下去,这样才能在乡村地区的复杂事务中找到一个有效的切入点,为实现长久有效提供制度保障。而且,在这里面涉及经济发展相对落后地区的,允许按照一事一议方式直接委托村级组织自建自管。充分依托村级综合公共服务平台,全面覆盖基层的公共事务服务内容,诸如技术培训、就业信息以及贫困人员的持续性跟踪和服务等。

3.3　当前乡村社区治理中公司化运作的情况与特征

乡村社区治理中的公司化运作,是借鉴现代企业管理理念与运营模式,对乡村社区的各类资源进行整合与开发的治理方式。在此模式下，乡村社区如同一个公司，成立专门的运营主体。该主体像企业一样明确组织架构、职责分工与运营规则。通过对乡村的土地、劳动力、自然风光及文化资源等进行合理配置与市场化运作，开发乡村旅游、特色农产品加工销售等项目。这种公司化运作旨在提高乡村资源利用效率，推动乡村经济发展，提升乡村社区治理水平。

通过对当前乡村社区治理中公司化运作的情况与特征分析发现，公司化运作其中最为重要的一点就是权力下放，要充分调动基层政府在推动乡村治理过程中的积极性，充分发挥公司化治理的灵活性，在这一点上我国乡村地区实践丰富；资源下放是实现乡村地区发展的基础，没有各种物质资源、资金资源的参与，乡村地区的发展是不可能实现的；服务下放则不仅是要将各项服务内容下放至乡村地区，还需要通过公司化的运营手段将服务理念深入人心。

3.3.1 权力下放情况与特征

公司化运作其中最为重要的一点就是权力下放。要充分调动基层政府在推动乡村治理过程中的积极性，在这一点上我国乡村地区实践丰富。其中村干部担任公司股东或是董事长是最为典型的。乡村作为一个由特定群体共同拥有土地和其他主要资产、长期共同生产生活并形成了复杂的地缘、血缘关系的社区，也是一个自治的基层社会单位，又直接或间接地承担了经济功能之外的社会、政治和文化功能。但是因为经济落后、人才流失等，导致乡村众多资源闲置，无法发挥其应有的价值。在此情况下，首先是由村委班子牵头，组织村民成立乡村股份公司，由公司统一整合乡村各类资源，村民用土地、资源等入股，也可以到公司务工。成立公司的主要目的是壮大村集体经济，将村民手中的土地、宅基地等各类资源集中到一起，统一种植、统一管理、统一销售。公司化运作下的农村集体，可实行开放式的股权结构和融资方式。一是能打破乡村资源封闭、闲置现状；二是可以通过股权转让、增资扩股、上市融资等方式，吸纳社会资本进驻，从而引入资金、技术、管理、新产业和市场渠道等。通过股权的融合，公司化经营乡村，可以加强村与村、城市与乡村、企业和农民等之间的重组，实现不同的村集体之间以及城市单位与农村集体之间的融合，从而为乡村多元价值的裂变赋能。

各地区基层政府针对乡村地区矛盾问题的实际，以基层乡镇工作力量下沉为基础，以省区市选派下沉力量为驱动，构建形成多层级的干部力量下沉乡村地区，搭建有效治理平台，推动乡村治理有效性水平的提升。对于乡村地区的矛盾问题，下沉干部及工作队要做到第一时间到现场了解情况，并及时上报上级部门统筹安排，靠前处理。特别是对于需要县区政府等上级层面协调的部门联动、工作保障等问题和重大紧急问题，可直接联系有关部门协调解决。同时强化上级部门决策保障支持，打通基层政府与村民自治组织乃至村民个人的信息沟通渠道，创新建立乡村地区矛盾问题闭环处理机制，切实利用基层干部的个人能力解决乡村治理中遇到的疑难问题。

3.3.2 资源下放情况与特征

资源下沉是实现乡村地区发展的基础，没有各种物质资源、资金资源的参与，乡村地区的发展是不可能实现的。乡村地区治理贵在精准，如果拥有足够多的资源进行开发利用的话，也就不会存在"三农"问题了。然而实际上，投入乡村地区的资源永远都是有限的，对于一个国家而言，经济发展总是高于一切的。因此，提升乡村地区治理能力还需要确保有限的物质资源和资金资源能得到最大化利用。也就是说，既要实现资源下沉，又要善于让各种治理机制发挥作用，充分发挥各自作用提升乡村治理有效性。

物质资源下沉需要重点抓住避免资源浪费这个"牛鼻子"。在乡村治理实践中，积极推动治理重心下移，把更多资源下沉到基层自治单位，实现资源管理的精准化和精细化。吸纳广大群众、社会组织和社会力量积极投身农村公共管理和服务，实现政府治理、社会调节、乡村居民自治的良性互动。通过必要的政策工具推动构建高效的乡村治理格局，在推动乡村地区经济社会发展方面仍然大有可为。新时代经济社会发展迅速，科学技术的功劳不可埋没，在乡村治理过程中要高度重视科学技术的作用，积极推动科学技术应用于乡村治理的具体环节。特别是近年来随着互联网技术应用推广，乡村地区互联网的普及程度日益加强，其中电子商务（网上购物、直播等）、数字化建设、农业智慧化建设以及正在全面推广的电子信息化平台建设等，均证实了新兴科学技术在乡村地区能够发挥积极作用。通过必要的电子化应用，能够更加快速地解决乡村地区信息沟通不畅导致的矛盾纠纷，也能更快摸清基层困难群众需求，为推动乡村振兴提供必要的技术支撑。资金资源下沉则需要在乡村振兴战略落实过程中进一步得到细化。我国乡村治理的中央到地方各种财政资金资源非常丰富，也能够直达基层，取得了一定的成效，但是财政资金资源毕竟有限，要实现乡村治理有效性的长期稳定还需要社会资本的参与。基层乡村治理缺少综合性的资金保障，现在基层乡村治理的经费基本上都是来自政府财政，但是政府的投入主要针对当地的经济发展，对于乡村基层社会治理的投入基本上是很少的，只能勉强维持日常开支，一旦有什么问题，就不能正常运转。很多时候现有资金资源只能做一些表面工作，不能治标治本。因此，在吸引社会资本参与方面，还需要更多关注。

3.3.3 服务下放情况与特征

服务下放则不仅是要将服务事项下放至乡村地区，还需要将服务理念带下去。我国乡村地区关于服务下放的尝试相对较少，近年来部分乡村地区利用我国深入贯彻落实"放管服"政务服务改革等工作部署要求，将"网格化"社会治理覆盖至乡村地区，让政务服务也能够普及乡村地区，实现"小事不出村、大事不出镇"的基层服务目标。新冠疫情暴发以来，乡村地区基层服务得到了明显转变，特别是网格员等基层服务人员的设置，确保每个网格员就是一个移动综合服务站，紧密围绕疫情防控、疫苗接种、纠纷调处、防金融诈骗、法治宣传、医社保缴纳等工作开展定期走访、入户宣传政策、收集村情民意、帮忙代办事项，为乡村治理作出了突出贡献。上述实践既实现了业务下放，确保基层人员享受更加便利的政务服务，又实现了人员下放，以网格员为代表的基层治理人员群体的推广，确保了人员配备，实现了服务高效。

3.4 中国乡村社区治理中面临的困难与挑战——以浙江省为例

中国地域广袤，不同乡村社区在政治、经济、环境方面呈现出显著差异。在政治层面，东部沿海发达地区乡村，基层民主制度建设完善，村民参与渠道多样。而中西部偏远地区，受限于地理与文化等因素，村民参与积极性较低，民主决策机制有待优化。这一政治上的差异，也在一定程度影响着经济发展。经济上，城市周边乡村，凭借地缘优势，能迅速承接产业转移，发展特色农业、农产品加工及乡村旅游等，经济水平较高。但远离城市的山区乡村，因地形、交通、技术等因素，以传统农业为主，产业单一，发展滞后，收入偏低。经济发展程度又会关联到对环境的重视程度与保护能力。生态保护区或旅游胜地周边乡村，政府与居民重视生态，通过一系列举措实现经济与环保良性互动，环境优美。反观部分工业发达地区乡村，曾因过度依赖工业、忽视环保，工业污染严重，破坏了土壤、水源与空气，制约着可持续发展。

浙江作为全国共同富裕示范区，其乡村治理面临的困难与挑战和全国有一致性。在地形地貌上，它们同属多山之地，山地丘陵广布；境内有肥沃平原，利于农业与聚居；水系丰富，承担多种功能。在主体参与上，同样存在农民主体作用发挥不足，参与乡村治理积极性不高的问题，如农村空心化导致人才外流，影响治理效能。在治理机制上，村民自治机制需进一步完善，以保障村民充分行使自治权利，提高参与度。在社会参与方面，社会组织参与乡村治理也面临机制不完善、资源不足等问题，限制了其在乡村治理中作用的发挥。此外，在数字时代背景下，浙江乡村治理也需应对信息化建设滞后，治理方式更新不足等挑战，以更好地实现乡村善治，推动共同富裕。本书通过分析浙江省乡村地区的治理现状，面临的困难与挑战从而为全国的乡村振兴提供样板性的支持。

3.4.1 浙江省乡村社区治理基本现状

浙江省位于中国东南沿海、长江三角洲南翼。东临东海，南接福建，西与江西、安徽相连，北与上海、江苏为邻。浙江东西和南北的直线距离均为450公里左右，陆域面积10.55万平方公里，为中国的1.1%，是中国面积较小的省份之一。浙江山地和丘陵占74.63%，平坦地占20.32%，河流和湖泊占5.05%，耕地面积仅208.17万公顷，故有"七山一水二分田"之说。同时浙江地形自西南向东北呈阶梯状倾斜，西南以山地为主，中部以丘陵为主，东北部是低平的冲积平原。大致可分为浙北平原、浙西丘陵、浙东丘陵、中部金衢盆地、浙南山地、东南沿海平原及滨海岛屿六个地形区。而浙北地区水网密集的冲积平原，浙东地区的沿海丘陵，浙南地区的山区，舟山市的海岛地貌，可谓山河湖海无所不有。西南多为千米以上的群山盘结,其中位于龙泉境内的黄茅尖,海拔 1929 米,为浙江省最高峰。地形以丘陵、山脉、盆地为主。

改革开放以来,浙江一直致力于打造全国乡村振兴的先行区,不断提升乡村治理的能力与水平,培育了一大批诸如温岭"民主恳谈"、象山"村民说事"、安吉"余村经验"、诸暨"枫桥经验"等新时代乡村治理的生动实践,形成了独具特色的浙江治理经验,具有较高的研究价值与研究意义。与此同时,这些地区的农村发展存在着巨大差异性,例如地理环境、社会资源、经济发展程度、地区传统文化,等等,梳理出这些农村社会治理实践的发展历程有助于进行基于差异性比较的案例研究。

3.4.1.1 温岭"民主恳谈"

"民主恳谈会"是温岭地区首创的一种公民有序参与,以"恳谈"作为载体来开展实施的社会治理制度。在长期发展过程中从早期的村级社会治理制度逐渐扩大为村、乡镇、市县三级的社会治理制度体系。具体来说,民主恳谈会主要由乡镇、村或基层党组织主持,广大人民群众、相关利益代表、社会组织等其他参与成员通过沟通和协商的形式来解决社会发展中的实际问题或对公共事务作出相应决策,本质上是多元利益群体通过协商治理机制从而实现利益的表达与协调的过程(孙蔚,2009),在该实践长期的发展过程中,温岭市委对民主恳谈的具体内容和实现形式作了规范化的设置与管理,同时持续进行制度的创新与改革,因此,当前的民主恳谈会是包含镇、村、乡村、部门、企业等多类型民主恳谈会、镇民主听证制度、村民主议事制度等多种形式并存的社会治理制度体系。

具体来说,以"民主恳谈"作为社会治理的主要载体,通过制度化的机制体制组织村民、乡贤、社会组织等主体参与村级事务,协同发力促进农村乡村的有效治理。村级民主恳谈的范围在于全村的各项经济社会发展事务和社会公益事业等内容,具体包括村集体经济重点项目和发展规划、债务债权、农业补贴、新型农村合作医疗、村建规划、社会治安、村干部报酬、计划生育等。村两委成员、全体党员或者党员代表、村民代表、村民小组代表、其他相关人群例如乡贤和地区企业家等、相关利益当事人或当事人代表、乡镇政府、人大代表、政协委员等均是民主恳谈会的参与对象，依据具体事务的性质来综合考虑和决定与会人员，他们在会上通过对话交流和集体研究对村庄事务和民生建设进行决策。具体执行的规则程序各地区略有所差异，总体上是由村两委召开主持并提出民主恳谈会需要决定的社会治理事项和意见，与会人员交流沟通后提出自己的主张和建议，村委干部在会后及时梳理和总结，对会上讨论的事项进行处理和反馈监督。

民主恳谈会在实施过程中，主要形成了以下几点特征：

（1）广泛性与多元性。民主恳谈会的参与者不受身份的限制，不同领域不同层级的参与者均可以通过一定的协商议事制度参与公共事务和公益事业的讨论，表达自身的意见和建议。

（2）大众性和民主性。民主恳谈会保证了公民参与社会治理的权利，创新了群众政治参与的途径，体现了人民当家作主的民主本质与核心。

（3）平等性与自主性。协商议事制度与相关配套法律法规保证了参与者平等享有参与公共事务决策的权利，在政治平等的基础上参与者可以按照自己的意愿行使自己的民主权利，展开讨论、商谈、辩论、投票、选举、决策、监督等行为。

（4）规范性和决策性。民主恳谈会制度包含了一系列行之有效的运行程序与规则，协商议事主体通过制度实施的原则与办法实现对公共事务的决策与管理（郎友兴，2005）。

（5）实践性和革命性。温岭民主恳谈会是地区创造性的社会治理实践，而且在发展过程中不断改革创新，从早期的参与式论坛转型到决策型民主恳谈、参与式预算恳谈以及当前探索云端版民主恳谈，至今保持着经久不衰的生命力,持续深化与完善社会治理制度的内涵与外延。

3.4.1.2 象山"村民说事"

象山"村民说事"制度最早来源于西周镇的民主说事会,历经了十余年的探索实践与深化发展,构建了以党组织为核心,"说、议、办、评"这一闭环机制为主要内容,集科学决策、合力干事、民意疏导和效果评估于一体的农村社会治理制度体系,已在全县 490 多个行政村得到了全面推广,实现了广泛覆盖,形成了可复制可推广的"象山范本",具有较高的实践研究价值。该制度围绕"村民说事、村务会商、民事村办、村事民评"这些环环相扣的治理主题形成了一系列运行有效的治理措施,在立足农村发展实际的基础上,营造了共商、共建、共治、共享的治理生态,这一创新型的乡村治理模式在发展过程中呈现出以下几个显著特点:

(1) 多元化和广泛化。这里的多元化和广泛性表现在制度运行的方方面面,比如说事代表和说事队伍的多元与广泛,县、镇、村三级说事队伍以及说事的参与群体不设身份限制,养殖大户、干部、教师、模范、家庭妇女、退休老人等多层次多领域群体均可以通过选拔机制成为说事代表;再比如说事形式的多元与广泛,有官方正式的会议形式也有乡土非正式的宣教模式,例如"顺口溜""唱新闻",专业术语、政策法规与群众语言共存;还有说事内容与地点的多元化和广泛,大事小事、政策形势、典型榜样等内容都可以成为说事的主题,文化礼堂、道德讲堂、老年大学、农家书屋、公园、基层党校等各类人群聚集地都可以成为说事的展开地点。

(2) 系统化和科学化。村民说事制度在实践过程中形成了运作有序的机制体制,既有动态管理机制,也存在评比激励机制和年度考核机制,打造了"说、议、办、评"的治理闭环,构建了以"自治为本、法治为纲、德治为基、智治为先"为理念的农村社会治理制度，充分发挥了制度的优越性。

（3）创新性和时代性。村民说事制度的发展经历了多次改革创新过程，依据经济、政治以及社会的发展态势，及时调整和优化来适应时代的需要，从村民说事的1.0版本逐渐升级到2.0版本乃至3.0版本，持续保持着制度的竞争力与生命力。

村民说事制度作为农村社会治理的典型案例，畅通了民意的表达渠道，保障了民众的民主权利，体现了人民当家作主的民主真谛，凝聚了农村基层不同领域的治理力量，催生了共商、共信、共建、共享的治村理事新格局。

自2017年开始，象山县就秉持"全省学象山，象山怎么办"的忧患意识、使命意识和责任意识，以"干在实处、走在前列"为工作要求，在扎实做实村民说事制度1.0版的基础上，打造了村民说事制度2.0版，逐步丰富村民说事制度的内核与外延，从村级的社会治理制度逐渐成长为县域层面的社会治理制度体系，打造了制度改革的"象山样本"，具体如图3.1所示。

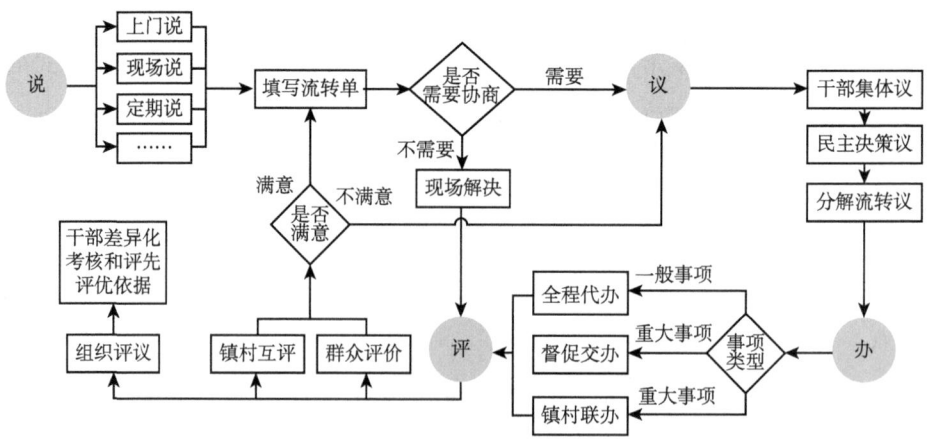

图3.1 村民说事制度

随着信息化时代的到来，以大数据、人工智能、云计算等为核心的信息技术发展为乡村治理的变革提供了新的契机，象山县积极把握这一时代技术特征，将技术治理作为村民说事制度3.0版本的改革创新方向，期望实现数据治理、决策、管理、监督的闭环，逐步打造符合农村实际和农民需求的"村民说事＋互联网"的农村社会治理制度，以数字化管理平台来推动村民说事的高效运转与透明公开，提升乡村治理体系的智能化、数字化、科学化。目前象山已经成功将象山村民说事平台进驻"浙里办"的应用系统，这一电子化平台包含了民主议事、决策酝酿、投票表决、执行监督、信息发布、事务备案、会议直播等众多功能，同时也在象山县贤庠镇青莱村设立试点单位，进行"村社E决策"系统的试运行，得到了村民的普遍支持和肯定，这一信息化的改革过程为农村社会治理制度的迭代升级提供有效的改革经验，推动了象山治理走在全国乡村振兴的前列。

3.4.1.3 安吉"余村经验"

作为"两山"理念的诞生地和中国美丽乡村的发源地，余村坚持贯彻"大家的事由大家参与、众人的事由众人商量"的治理原则，以重构乡村社会生态为发展目标，探索了以"支部带村、发展强村、民主管村、依法治村、道德润村、生态美村、平安护村、清廉正村"为主要内容的新时代农村社会治理制度，对治理的基本理念、治理程序、治理主体、考核要求等内容设立了一整套可操作化、规范化、标准化的指标体系，走出了一条生态富民的特色发展道路，成为浙江乡村善治的典型案例。

"支部带村"突出了党建的引领作用，以党群服务中心的标准化改造提升、先锋示范党组织的深入培育、"第一书记"在自然村的全面覆盖等相关措施来推动便民、为民、利民的农村社会治理制度建设。

"发展强村"强调了绿色经济的支撑作用，通过对安吉特色优势主导产业的扶持、深化村内集体产权制度改革、探索集体经济多种实现形式等，多措并举壮大了美丽经济的发展。

"民主管村"发挥了自治的核心作用,持续创新民主协商的形式与载体,例如积极推广两山议事会、乡贤参事会、红白理事会等一系列社会治理的民主机制,完善村级三务公开制度等,以制度化、规范化、科学化的民主自治机制实现民事民议、民事民办、民事民管的乡村善治。

"依法治村"强化法治的保障作用,不但通过一批重点工程的建设实施来提升依法治村的水平,而且也积极开展法律知识学习教育,不断强化干部群众的法治思维,大力推进民主法治村的建设进程。

"道德润村"发挥德治的教化作用,开展一系列寓教于乐的文化活动,建设基层"六文"阵地,促进村内的精神文明建设,激活传统文化和地方文化的发展活力,培育极具地域特色的"湖州模式"。

"生态美村"显示了治理生态的重要性,通过农村生活垃圾分类处理、厕所革命、农村生活污水治理、"一把扫帚扫到底"等重点工程的建设实施,由点到面、由表及里来打造生态宜居的美丽乡村。

"平安护村"强化了平安建设,以"四网"立体化社会治安防控体系的打造、扫黑除恶行动的有效开展、矛盾纠纷排查化解机制的优化,打造平安和谐的村居环境。

"清廉正村"突出了治理的廉洁保障,通过优化监督和监察的工作机制,打造横向到边、纵向到底的廉情信息网络,同时开展农村基层作风巡察等专项行动,多措并举推动党风廉政建设,以此来保持村级社会治理的清廉底色。

余村的发展经验有其独特之处,治理的成效显著,具体来说:一是余村应势转型,走出了一条绿色发展之路,实现了人与自然、人与人之间的和谐共处。余村早期牺牲环境来发展经济的做法犹如空中阁楼,付出了巨大代价,村里在痛定思痛之后选择走生态发展道路。余村充分利用了地区的生态环境优势,治理的最大特色在于坚持将绿色经济、生态文明与社会治理同步推进，探索生产、生活、生态同步发展的美丽乡村建设，是全方位践行"两山"重要理念的生动实践，为其他生态资源丰富地区的社会治理提供了一种有益的发展思路。

二是突出了党建引领的核心地位，充分发挥了基层党组织的政治优势与核心功能，为乡村治理提供了强有力的政治保障，这也是中国农村治理的一大特色。例如村党组书记是社会治理中的关键力量，主动对社会改革进行引导与扶持，带头干事创业以及带动党员干部与社会群众共同建设美丽乡村，在推动乡村治理实现善治的过程中也有效巩固了党在基层的执政基础，实现了某种意义上的双赢（花卉、刘艳云，2022）。

三是余村治理贴近时代、适时调整、内涵丰富。余村总结出的八村治理经验贴合了乡村振兴战略当中"产业兴旺、生态宜居、乡风文明、治理有效、生活富裕"的发展要求，统筹规划了经济、政治、文化、社会、生态不同领域的社会治理机制，在借鉴其他地区成功经验的基础上，进行了科学、系统的调整和优化，逐渐形成了一整套行之有效的农村社会治理制度。从这个角度看，余村的治理经验更像是乡村治理举措的"集大成者"，为乡村振兴提供了鲜活的地区样本，其创新意义与时代价值不可估量。

3.4.1.4 永安村"农村职业经理人"

职业经理人原本是企业中的职位，是专门从事企业高层管理的中坚人才，可以理解为日常所称的"金领"。自2019年起，余杭区开始广发英雄帖，为农村招聘职业经理人，其目的是希望这些人才能带动乡村振兴，助力发展乡村集体经济。

2020年9月，刘松与其他七位同事通过选聘，成为余杭区的第二批"乡村CEO"，不到两年时间，他已做得风生水起，帮助永安村村民人均收入从2018年不足3.5万元增加到5.69万元，村集体经济则从56.8万元增加到315万元。

三年多时间，农村职业经理人这一新兴职业从不为人知到引发热议，到现在报名者纷至沓来。

作为乡村振兴的一个创新模式，农村职业经理人也面临着一些如水土不服、乡民不和、制度受限的窘境。有学者认为，当务之急是政府部门、村委干部、村民与乡村职业经理人之间各自找到权、责、利的边界，有序合作互助支持，方能共创乡村的美好未来。

位于余杭区余杭街道的永安村，村民世代种粮，村域面积7.09平方公里，30个村民小组，农户889户，人口3100多人，拥有耕地5259亩。

永安村村委书记张水宝记得，2002年他任职的时候，还只有十几个村民小组的永安村账上一分钱没有，还欠了16万元，当时整个村子的基本农田被切割得七零八落，到处是一小块一小块的村民种蔬菜的自留地，种桑树喂蚕的地、鱼塘、坟地。进出村只有一条三米宽的泥路，好多稻谷拉不出来就烂在田里。

为了突破困境，永安村先后进行了"土地集中流转""美丽乡村建设"等工作，做高标准农田示范区。并硬化了所有田间道路，"但老百姓收入，村集体收入，还是没啥增长"，张水宝说，2017年村集体经济收入只有28.5万元，属于余杭区经济薄弱村。

此后，在区领导支持，余杭街道的推动下，永安村股份经济合作社成立了"杭州稻香小镇农业科技有限公司"，作为永安村村属企业。他找了一家策划公司，投入了100多万元，在2019年11月8日，做了第一期开镰节丰收月活动，没想到一炮打响，"永安稻香小镇"的品牌算是打响了。

但到了2020年，张水宝发现了问题，这家策划公司有思路，但是不懂运营，"我们迫切需要懂运营的人才，当时区农业农村局在招聘第二批农村职业经理人，我说我们村肯定要招的"。

2020年9月，刘松通过考试应聘到永安村，通过"模式创新、数字赋能、人才引进"等举措，探索出了一条基本农田保护下乡村实现振兴之路。

首先，刘松依托"永安稻香小镇"品牌，做出了"禹上稻乡"农文旅融合项目。"禹上稻乡"项目位于余杭街道苕溪以北，涵盖永安、溪塔等8个村71.8平方公里区域，核心区块位于永安村。刘松将核心区块1000亩土地发展成10亩1单元的企业认养稻田，按照8万元/年的价格对外提前一年进行认养，让稻谷还没种下去就已经销售，确保了种植收益和减少市场风险。随后，与相关电商平台合作，利用数字赋能产供销，将数据集中展示在一张图上，实现稻田生产、农产品溯源、数字稻田营销等各类数字可视化；认养稻田的企业可以在手机上跟踪管理自己的地；物联网设备将田间气象、土壤等信息接入阿里云，结合农产品的销售进行数据分析，反向指导精准营销和种植生产。2022年6月12日，"秧起禹上，共富稻乡"——2022年"禹上稻乡"插秧节启动仪式拉开帷幕。

目前，"禹上稻乡"先后获得"杭州数字乡村示范村""杭州市首批共富村""杭州市首批未来乡村""浙江省AAA级旅游村庄"等荣誉称号，来旅游、参观、研学的人越来越多。如今游客们眼里的永安村，稻草扎成的巨型猩猩、大象、犀牛等伫立田头，白鹭在碧绿的稻田里低飞。

3.4.2　浙江省乡村社区治理成效

3.4.2.1　城乡差距显著减小

新时代乡村经济发展取得了长足进步，但是根据中国经济发展的数据显示，乡村地区与城市地区的差距不仅没有缩小，反而存在进一步扩大的趋势。具体我们可以通过GDP、财政支出、居民消费水平、可支配收入等方面的比较得出，以此作为本书进一步研究组织协同和治理下沉两个维度下乡村治理有效性的基本佐证材料。通过这几个方面的分析也能够让我们进一步了解到乡村治理过程中的一些基本情况。

如表 3.2 所示,根据历年《浙江省统计年鉴》的数据可以看出,中国乡村地区的经济地位相对较弱。数据显示,2012 年浙江省第一产业产值达 1610.81 亿元,2021 年第一产业产值为 2209.09 亿元,10 年间增长幅度仅为 34%,而同期浙江省总产值从 2012 年的 34382.39 增长到 73515.76 亿元,增长幅度超过 100%。说明乡村地区经济地位处于下滑阶段。从其所占比重也可以看出,2012 年以来,乡村地区经济所占比重一直未超过 5%,且存在逐年递减趋势,差距仍然十分明显,2021 年甚至比重只占到 3%。

表 3.2　　　乡村地区经济在浙江省总产值中的地位
（2012～2021 年）　　　　　　　　　　单位:亿元

年份	2021	2020	2019	2018	2017	2016	2015	2014	2013	2012
第一产值	2209.09	2166.26	2086.70	1975.89	1933.92	1890.43	1771.36	1726.57	1718.74	1610.81
总产值	73515.76	64689.00	62461.99	58002.84	52403.13	47254.04	43507.72	40023.48	37334.64	3482.39
比重/%	3.00	3.35	3.34	3.41	3.69	4.00	4.07	4.31	4.60	4.68

数据来源:浙江省统计局。

如表 3.3 所示,浙江省城乡居民消费水平整体上升明显且高于全国水平。浙江省居民消费水平从 2012 年的 22845 元/人上升至 2021 年的 58686 元/人,净增 100%。其中城镇居民消费平从 2012 年的 28259 元/人上升至 2021 年的 66428 元/人;农村居民消费水平从 13724 元/人上升至 2021 年的 41885 元/人。从中可以看出,浙江省城乡居民消费水平的差距仍然十分明显。虽然二者消费水平差距在缩小,但是从绝对值来看,二者的差距仍然逐步拉大,说明浙江省乡村地区居民消费水平仍有待进一步提高,这一点也充分验证了乡村地区居民消费意愿与实际情况的差距,与中国一直提出的共同富裕等目标存在较大差距,需要进一步推动消费水平的全面提升。

表 3.3　城乡居民消费水平对比（2012~2021 年）　　单位：元/人

年份	2021	2020	2019	2018	2017	2016	2015	2014	2013	2012
全体居民	58686	49733	43209	38238	33851	30743	28712	26885	24771	22845
农村居民	41885	35495	30839	27291	23717	22028	19953	17281	15458	13724
城镇居民	66248	56295	48910	43283	38730	35152	33359	32186	30101	28259

数据来源：浙江省统计局。

如表 3.4 所示，浙江省城乡居民人均可支配收入之间的差距也十分明显。城镇常住居民人均可支配收入从 2013 年的 37080 上升至 2022 年的 71268 元，而乡村地区则从 2013 年的 17494 元增长为 2022 年的 37565 元，基本达到 9 年前城镇居民的收入水平。整体来看，二者之间的收入对比从 2013 年的 2.12 倍下降至 2022 年的 1.9 倍，说明城乡差距在逐年缩减，但二者实际差距仍然非常大，这也充分证明乡村地区人均可支配收入的上升空间仍然巨大，也进一步体现了乡村地区居民在不断改善生活的同时，仍然存在较大收入差距的问题。

表 3.4　浙江省城乡居民可支配收入对比（2012~2021 年）　单位：元/人

年份	2021	2020	2019	2018	2017	2016	2015	2014	2013	2012
全体居民	60302	57541	52397	49899	45840	42046	38529	35537	32658	29775
城镇居民	71268	68487	62699	60182	55574	51261	47237	43714	40393	37080
农村居民	37565	35247	31930	29876	27302	24956	22866	21125	19373	17494
城乡收入比/%	1.9	1.94	1.96	2.01	2.04	2.05	2.07	2.07	2.09	2.12

数据来源：浙江省统计局。

3.4.2.2　政策倾斜

虽然浙江省乡村地区经济发展水平与城市地区的差距仍然存在，但是近年来政策倾斜力度巨大，部分领域已经出现明显改善。根据近年来的相关政策文件可以看出，国家对乡村地区的关注程度越来越深，其中以党的十九大报告中提出的乡村振兴战略为代表,近年来中共中央、国务院接连印发了《乡村振兴战略规划》等一系列重要文件,从经济、政治、文化、生态、社会等多方面对乡村治理提出了新的要求,也提供了多方位支持,对于缩小城乡差距,提升乡村地区地位,实现乡村地区现代化提供了重要支撑。为贯彻落实中央一系列文件精神,浙江省也相继出台各类乡村振兴相关政策,如中共浙江省委、浙江省人民政府发布的《关于2023年高水平推进乡村全面振兴的实施意见》指出,2023年,浙江省农林牧渔业增加值增长3%,农业劳动生产率达到5.4万元/人,农业科技进步贡献率达到67%,农村居民人均可支配收入增长8%,城乡居民收入倍差缩小到1.89以内,全省农民与山区26县农民收入比值缩小到1.26,全省农民与低收入农户收入比值缩小到1.95。要全面总结"千万工程"实践成果、制度成果、理论成果,开展"千万工程"实施20周年系列活动。以"千万工程"为牵引,以美丽乡村为底色,以未来乡村为示范,以共同富裕为追求,建设宜居宜业和美乡村,构建"千村未来、万村共富、全域和美"新格局,加快让农民就地过上现代文明生活。

3.4.2.3 乡村生态环境

以往乡村地区往往与"脏、乱、差"挂钩,部分乡村地区在人居环境改善、社会综合治理等方面存在明显不足。根据不同渠道及部门反映的乡村地区"脏、乱、差"问题可以归因于以下几点:一是基层主体责任发挥不够。县乡一级推进全覆盖力度不大,乡镇重视不够,没有实行镇村统筹治理,部分地区县乡村各级责任落实不到位,人居环境改善的主体责任界定不清晰,导致部分乡村地区处于无序管理状态,乡村地区环境监管不到位。二是推动措施不够硬。基层政府和村民自治组织没有充分利用现有的政策手段全面落实工作任务,造成乡村地区环境整治出现明显反弹,还出现一检查就干净,一放松就垃圾满地的现象。三是群众参与度不高。乡镇和村集体一级忽视了群众的主体作用，没有发挥乡村地区群众的主观能动性，宣传引导不够。四是后续管理不到位。部分地区村庄路口的垃圾清理不及时，集中垃圾处理设施设置不合理，部分垃圾集中点旁散落着大量生活垃圾，造成乡村地区局部空气污染严重。

20年的新农村建设，生态环境方面有了显著的改善。

如表3.5所示，乡村地区人居环境改善还是比较明显的，特别是厕所革命的推广。数据显示，2015年累计使用卫生厕所的户数达到11405万户，2020年已经上升至21901万户了，卫生厕所的普及率已经上升到80%水平以上，这充分体现了乡村地区生态保护理念的普及逐步深入。而且乡村地区清洁能源的普及率也不断上升，其中沼气池产气量在2020年已经达到了112.2亿立方米，太阳能热水器在2020年也实现了8420.7万平方米的覆盖，太阳灶的数量在2020年也达到了170.6万台，这充分证明了乡村地区人居环境的质量逐步提升，为生态文明建设作出了积极贡献。

表3.5　　乡村地区人居环境情况（2015～2020年）

指标	2015年	2016年	2017年	2018年	2019年	2020年
卫生厕所/万户	11405	17138	18019	20684	21460	21701
普及率/%	46.1	67.4	69.2	78.4	80.3	81.7
卫生公厕/万户	852.8	2827.7	2972.8	3879.5	3502.6	2997.7
沼气池产量/亿立方米	139.7	152.8	153.9	144.9	123.8	112.2
太阳能热水器/万立方米	8232.6	8623.7	8723.5	8805.4	8476.1	8420.7
太阳灶/万台	232.6	227.9	222.3	213.6	183.6	170.6

注：数据来源于历年的《中国农村统计年鉴》。

3.4.3　浙江省乡村社区面临的困难与挑战

虽然成果显著，但也存在着一系列的问题与挑战。

3.4.3.1 地区间发展不均衡

浙江省"七山二水一分田",虽然总体平均高于全国,但浙江省内发展仍然差异明显。建制镇的经济发展较快,经济实力强,教育卫生、生产生活服务等方面的配套相对完善,而乡镇的经济发展相对缓慢,公共服务虽然解决了"从无到有",但是服务的数量和质量还需要进一步提高。例如,农技服务、文教卫等公共配套,乡与建制镇间存在着较大差距。

3.4.3.2 乡村运营趋于样板化、非农化

部分乡村在聘请运营公司规划乡村运营方案时并未充分考虑乡村自身优势特征,而是容易照搬其他乡村的样本,最终造成乡村经营不善。随着社会的发展,对于乡村规划也越来越重要,乡村在经营规划时必须充分考虑乡村自身自然环境,利用可获得的资源作为基础和框架,从而使高密度的宜居环境应运而生。通过确立乡村的性质、规模和发展方向,为合理利用土地与资源,协调乡村空间布局和基础设施建设,提供了总体性框架。科学合理的乡村规划,能为乡村建设和发展带来巨大的综合效益。

在乡村运营中,政府是"跑龙套"的,运营商是主角,投资商是配角,村集体是股东,村民才是主人。关键在于把乡村与市场联系起来,以市场力量盘活乡村资源,既促进乡村建设,又发展乡村产业,建立起利益联结机制,有效带动农民和村集体持续增收,切实做到"一村一特色、一村一政策",真正实现美丽乡村转化为"美丽经济"。

3.4.3.3 职业经理人水土不服

农村职业经理人不同于企业职业经理人,他接手的并不单单是一个公司,而是一个基于人际关系化社会基础上的"美丽乡村",所以,它的政治经济逻辑与企业职业经理人以及现代公司制度实际上还是有很大差异

的。杭州市淳安县是最早试水乡村职业经理人制度的，而第一位职业经理人2020年年初时辞职；2019年时杭州市余杭区又招聘了3名乡村职业经理人，同年内就有2位辞职了，一年之后，又招聘了8名乡村职业经理人，上任3个月，又有2人提出辞职。结合情况我们分析，乡村职业经理人之所以频频出现离职，主要有三个原因：一是乡村文旅产业实际上本来已经泡沫高企。近年来，各地在乡村振兴的号角下，纷纷发展民宿、乡村旅游、文化产品等一些乡村文旅产业，总体上出现了供大于求的局面，职业经理人很难做出经济成效。二是外来的职业经理人难以融入村庄。职业经理人与村民之间存在各种各样的一些隔阂，有的村民很难认同职业经理人拿着高薪，但是并没有给村里带来实质性变化，同时，职业经理人提出好的策略、营销模式又很难得到村民的理解和支持，因此职业经理人的年度考核不容易达标。三是传统的组织和现代公司制度实际上是有对冲的，职业经理人首先是一个现代公司制度的产物，公司的所有权、法人的财产权和经营权就出现了分离，当公司所有者不能或者不想进行公司经营活动的时候就可以聘请专业的职业经理人对企业进行管理。在现代公司制度中，职业经理人有权对法人财产进行全面的经验管理，重大事项按程序提交董事会讨论。但是日常管理行为是不受别的股东或者成员干预的，显然目前的乡村社会，并不具备这样的基础，职业经理人不但经营活动要一项一项和村民商量，还要时刻想着如何让村民接纳自己，还要让他们满意，显然职业经理人就容易水土不服。

第 4 章

基于嵌入理论的中国乡村社区治理分析框架

在新时代,中国乡村治理面临着诸多新挑战与新机遇,实现政府、企业、社会团体等多元主体的协同合作,已成为提升乡村治理效能、推动乡村全面振兴的关键路径。

新质生产力赋能政府,以科技创新为核心,像大数据、物联网等技术赋能政府,使其能更精准制定乡村发展政策,通过数据分析掌握乡村需求,优化资源调配。

新质生产力赋能企业,能在乡村开拓更多创新业务。例如引入智能农业技术,建设现代化种植养殖基地,提高生产效率与农产品质量,创造更多高附加值岗位,带动村民增收。

社会团体可利用新质生产力的传播优势,通过线上平台募集资源、组织志愿者,为乡村提供更广泛的服务,如远程医疗、在线教育等公益项目。

政府、企业、社会团体在新质生产力的加持下,形成紧密协同的治理网络。政府引导政策方向,企业提供创新动力与资金支持,社会团体补充服务短板,共同推动乡村在经济、社会、文化等多方面实现全面振兴,提升乡村治理效能。

4.1 基于嵌入理论的乡村社区治理理论框架

乡村振兴战略提出以来，乡村社区治理不断走向深入，乡村社区治理走向多元化，开始关注政府以及更多政府以外的社区构成主体，认为政府需要职能转变，社会治理的重心需要向基层下移，强调以社区为基础的治理模式。2011年，李叔君探讨了新农村建设与生态文明互促共建的实践，从社区生态文化建设的动力机制、坚持政府主导的权威引导机制、乡村自组织对生态秩序的维护以及给社区能人赋权等几个方面，探讨了安吉县生态文明建设中社区协同治理的路径与机制[9]。2015年，李增元提出农村社区治理需融合治理，促进农村社区治理的现代化发展[10]。2016年，付春华提出党在基层治理中呈现出多元共治现象，各地区应根据自身情况进行相应改革模式和手段[11]。2019年，李艳营、李增元提出农村社区现代化，不仅要构建社区治理协同体系，而且还要实现信息化和智能化治理，同时自治、法治、德治三治融合的治理方式[12]。由此可见，农村社区治理不断走向深入，政府、社会等多种要素开始嵌入农村社区，不断对农村社区治理产生着影响和作用。这些研究都表明在我国农村社区治理体系中，政府和社会应承担各自相应的职责，通过彼此合作与互动提升治理绩效。

嵌入性理论反映的是一个或多个相关联的事物之间的关系，旨在说明它们之间相互影响和作用的逻辑。在"共建、共治、共享"的社会治理理念引导下，当前的乡村社区治理已由过去的一元管理演化为多元主体共治的局面，政府、企业、社会组织等力量逐渐被纳入统一的社会治理体系中。同时，乡村社区内生的乡贤、文化传统等要素也在不断发挥着作用，参与到农村社区治理中。根据各嵌入要素的生成方式可以将它们分为内部要素和外部要素两种类型。内部要素即村庄内生要素，包含乡贤能人、特色文化、村民自办企业等要素，这些要素通过一定的形式嵌入乡村治理过程中，对乡村治理产生影响，但并不是每个村庄都能内生出这种内部要素，内部要素的生成与村庄本身的历史和外部治理推力有关，因此具备偶然性和传承性。而外部要素即来自村庄外部的治理力量，随着乡村振兴战略的不断推进，政府、社会、社会组织、高校等外部力量不断嵌入农村社区治理进程中，对农村社区治理产生了深远影响。在当前，这些外部要素必然介入乡村社区治理，且对每个乡村嵌入的深度不同，因此具有必然性和非均衡性。本章从内外部要素在乡村社区治理实践中嵌入程度的不同，将当前形式各异的乡村社区治理创新实践分为四种主要类型（见图4.1）。

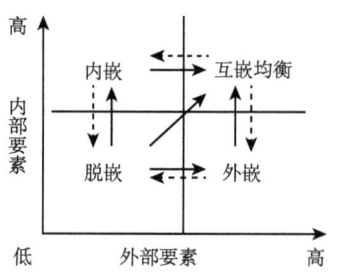

图4.1 乡村社区治理理论框架

第一种内嵌型。内嵌型乡村社区治理嵌入格局即内部要素嵌入程度高于外部要素，外部要素嵌入的深度和广度都较为缺乏，只能为其提供力所能及的帮助和支持，乡村社区内部自生力量占据主导地位，引导和控制着乡村社区治理的走向。在当前，这种嵌入类型虽少于外嵌型，不占主流，但却十分值得鼓励和加以引导。这种内嵌型乡村社区治理嵌入格局能够调动村庄内生力量，使原本处于感性状态的村庄内生力量获得觉醒，转化为理性和主动状态，最大化发掘和利用村庄内生资源。这种嵌入类型具有较强的独立性，对外部力量依赖程度较低，有利于充分发挥广大村民群体的智慧，提高村民对农村社区治理事务的参与度，最大限度带动村民实现自治。但是，这种类型也存在着缺陷。农村社区在人、财、物等治理资源方面都较为缺乏,加之村庄内部要素具有自身的局限性,难以突破乡村独特文化背景规定的状态。如果仅依靠村庄自生力量,不加以引导和规范,农村社区治理将会陷入失序和混乱状态,难以向更加高级的阶段发展,从而无法进一步推进农村社区治理。

第二种外嵌型。外嵌型乡村社区治理嵌入格局即外部要素嵌入程度高于内部要素,内部要素缺乏相应的治理资源和能力,处于被影响和支配的地位,只能迎合外部要素的嵌入节奏来共同发挥作用,推动乡村社区治理进程。在当前不断强调乡村振兴的政策背景下,这种嵌入类型是最常见的类型,乡村社区治理的外部力量具有强大的治理牵引力,通过一定的形式和方法嵌入乡村社区,使乡村社区能够借助外部力量的资源进行治理,不断完善和发展自身。然而这种类型也存在着缺点,外部要素介入程度过高会导致内部要素过于依赖外部要素,制约内部要素的产生和发展,影响乡村社区治理的可持续性。

第三种互嵌均衡型。互嵌均衡型内嵌和外嵌程度都较强,即内部要素和外部要素嵌入程度都较高,没有一方处于弱势,接近了均衡状态。这种乡村社区治理的嵌入格局极为有利于推动乡村社区治理,村庄内生力量和外部治理力量都较为强大,在共同推进乡村社区治理过程中实现了均衡互动,不至于失衡,从而能够将双方的力量最大限度发挥。

第四种脱嵌型。脱嵌型是内部要素和外部要素嵌入都较弱的类型,在这种乡村社区治理嵌入格局下,乡村社区内部缺乏相关治理力量嵌入,外部也缺乏力量对乡村社区治理进行引导和帮助,因此脱嵌型乡村社区治理嵌入格局最不利于乡村社区治理的进一步提升。如今,党和国家越发重视农村社区治理工作,始终坚持高位推进,力求不断改善农村地区人民的生活。因此,该类型在当前乡村社区治理实践中越来越少,各种要素不断嵌入乡村社区治理的各方面,推动着乡村社区实现善治。

值得注意的是,上述对乡村社区治理类型的论述只是关于某种治理模式特定一段时间的静态描述，随着治理过程的演进，原初的治理类型有可能向其他类型发生转化（转化路径如图4.1箭头所示）。例如，作为乡村社区治理理想模式的互嵌均衡型，随着时间的推移，可能由于某些因素的影响导致其内部要素或外部要素嵌入降低而向消极方向转化，成为内嵌型或外嵌型，甚至沦为脱嵌型。对于内嵌型和外嵌型，它们则同时具有两种可能的转化路径：既可能通过对现有治理模式优化向积极方向转化，成为互嵌型，也有可能遭遇阻力向消极方向转化，成为脱嵌型。那么，脱嵌型能否逆袭转化为内嵌型或外嵌型，甚至跃升为最佳化的互嵌型呢？我们认为，在国家大力乡村振兴制度优化下，在试点社区成功案例推广下，内外部要素同时嵌入，形成多元均衡治理也是理论可行的。

4.2 中国乡村社区新实践：多案例分析

如今，党和国家越发重视农村社区治理工作，始终坚持高位推进，力求不断改善农村地区人民的生活。而脱嵌型在当前乡村社区治理实践中越来越少，在现实中难以找寻支撑案例。因此，为了进一步解释和验证前面建构的乡村社区治理分析框架的合理性，我们选取了浙江省三个典型的乡村社区治理创新案例作为每一种乡村社区治理模式的典型代表进行比较分析。案例选择上主要考虑案例的典型性和资料完整性，三个案例具有较为明显的乡村社区治理特征，从正式实施至今均已超过12个月，并能够获取较为全面的资料。资料主要来源于笔者对相关社区的实证调查，具体包括三方面内容：一是基层政府和社区的内部文件材料，二是笔者对村委会干部、物业工作人员和居民的访谈以及笔者的参与观察，三是社区干部推荐的权威媒体公开报道。为了提高案例的外部效度，我们借鉴三角互证法采取访谈录音由不同研究人员整理并彼此核实、访谈记录由受访者确认、论文初稿提交相关社区主要负责人审阅的方式确保案例资料的充分性、真实性和准确性。

4.2.1 内嵌型

2017年12月,案例A被民政部确定为首批全国农村社区治理实验区。近7年来,县委、县政府以示范创建为载体,完善治理机制,推广导师帮带制,着力提升农村社区治理水平和服务能力,构建共建、共治、共享的治理格局,建设充满活力、和谐有序的新乡村。

"两山议事会"是该村的一项成功探索,鼓励村民积极参与协商议事。"两山议事会"由村党支部书记担任主持人;代表发言遵守不打岔、不攻击、不质疑动机等原则,主要对议题的可行性、方案的科学性进行评估,提出意见;经过充分协商后,进行无记名投票表决,形成最终意见。2020年,该村修建绿道需迁坟42座,一些村民不赞成迁坟。村"两委"通过"两山议事会"广泛发动村民讨论,最终找到了"最佳方案",顺利完成了迁坟工作。同时,案例A还努力推动幸福邻里中心的建设,已建成35家,并引入社会组织专业化运营。这些中心引导居民通过协商解决了诸如小区乱停车等居民关心的问题3100余起,打造了"婆妈合事馆""红管家""周三议事会"等本土协商品牌。2020年5月,案例A发展乡村旅游需拓宽公路路面,涉及4个村民组的近5亩农田。村"两委"运用"四步工作法",顺利取得了村民同意。第一步是"看",即带领村民到外地参观学习美丽乡村建设和乡村经营经验。第二步是"谈",即召开座谈会,请村民谈外出所见所闻所想。第三步是"挂",把效果图挂在主路旁,让村民们直观地看到好前景。第四步是"定",即村"两委"做出承诺、留底存档,给村民们吃下"定心丸"。

近年来,案例A制定《导师帮带公约》,建立导师库,实施导师星级管理,进一步提升了帮带制的实效。导师们将帮带课堂设在项目一线、工作现场，切实提升了年轻干部做群众工作、解决实际问题的能力。

案例 A 在进行社区治理时，以村干部嵌入为基础，积极发挥居民在社区治理中的主体地位，通过多项措施解决了基础管理中诸多问题，属于高内嵌型代表。

4.2.2 外嵌型

案例 B，是古代吴越文化发祥地之一。古镇核心区拥有 25 万平方米明清建筑，是中国第一批历史文化名镇。得益于 20 世纪 80 年代中期开始的城镇规划保护工作，案例 B 完整地保留了江南水乡的古貌风情，并逐渐发展成了一个 5A 级景区，吸引游客纷至沓来。但随着商家和游客等更多外来人口涌入，问题开始滋生，社区治理诉求面临升级。在古镇开店多年的汉服店老板张思回忆，曾经有一段时间，由于缺乏有效管理，古镇景区里商家宰客、流动商贩占道经营、景区卫生管理不达标、垃圾遍地得不到及时清理等情况时有发生，游客纠纷也不少。

2018 年政府引入外部物业集团，"以政府为主导、以物业企业为主体、服务对象积极参与"的新型公共管理模式。物业企业入驻之后，针对主要问题调整了相应的服务思路与方向，如表 4.1 所示。

表 4.1　　　　　　　　服务方法与措施

方法	具体措施
沟通	物业企业项目人员通过一周一次的定期拜访、周会议、月会议的方式，了解委托方工作计划、工作中遇到的难点等问题
网格化管理	针对管理难点问题成立专项队伍进行专项管理； 通过日常巡查，发现一处就及时上报并处理
多部门合作	协助工商部门，对景区内所有商户进行统一登记，及时更新商户信息，并检查所有商铺营业执照是否齐全； 协助卫生部门，对食品安全进行区分检查； 协助街区居委解决景区内原住民较多，存在的管理隐患问题

（1）充分发挥沟通纽带和润滑剂作用，主动加强与政府各部门的联系，及时协助政府处理好景区日常服务管理工作。了解委托方工作计划、需要协助配合的方面、工作中遇到的难点等，并明确主导对接部门，从而理顺城镇公共服务委托方的诉求和下属多个职能机构及部门的统筹协作。

（2）通过网格化管理模式，充分发挥一线网格员的作用，针对管理难点问题成立专项队伍进行专项管理，对于物业企业和商户、游客的服务管理关系，针对发现的问题，重点处理"秩序管理""商户监管""安全管理"等重点方面问题工作，通过网格员日常巡查，发现一处就及时上报并处理；针对管理难点问题，如酒吧街的商户监管的问题，更是成立专门的纠察队，处理酒吧街拉客、音量超标、纠纷类案件处理等问题。

（3）联合相关部门统筹协作，做好工商登记和各项监管检查对于物业企业对商户的监管、协查关系，通过调研发现商户存在无证、违规经营的现象，通过协助工商部门，对景区内所有商户进行统一登记，及时更新商户信息，并检查所有商铺营业执照是否齐全；协助卫生部门，对食品安全进行区分检查；协助街区居委解决景区内原住民较多，存在的管理隐患问题。

4.2.3 互嵌均衡型

案例 C 是最早运用新加坡社区规划理念先行先试推动有关场景落地的典型案例，是目前全省唯一具有七个场景雏形的未来社区创建试点。C 社区有效运用智能化手段，在未来社区 6 个居民小区中布局实施"沥家园"社区数字驾驶舱，通过政府数字化驾驶舱管理端、社区居民微信用户端、"沥小二"微信公众用户端、"沥MALL"便民小屋现场实体端等应用，全面构建未来社区 59 幢居民楼、近万人组成的"云端未来社区"，实现社区基本情况及管理信息"一键通"，社区与居民管理沟通"一键达"，社区帮扶公益任务"一键抢",致力打造共建、共治、共享的社会管理格局。

"沥家园"社区积分政策充分调动当地居民参与度和归属感。在 APP 终端发布志愿服务项目以及相应积分奖励。同时居民还可以在"沥家园"APP 用户端中反映小区治安、环境、停车、垃圾处理等问题并附上现场照片,物业和居委会相关负责人能够第一时间了解并及时解决。同时"沥家园"社区积分还可以作为社区内的流通货币,居民可以发布互助任务,增加居民感情。

该模式属于探索中的互嵌均衡型治理模式。一方面,未来社区是在党建引领下的高政府嵌入性。另一方面,社区"沥家园"APP 不是源于基层政府的创意和要求,基层政府也没有过多干涉"沥家园"APP 的运行管理,属于企业高嵌入性。在运行过程中,小区物业、业委会、志愿者、社区居民等社区自治主体积极响应和配合,成功破除长期以来社区参与"无意愿、无动力、无规则、不持续、无方法"的难题,属于高内嵌性。党建引领、社区自治、数字化技术支撑的内外嵌相结合的社区。

4.2.4 案例特征总结与比较

通过对三个案例的描述,上节建构的乡村社区治理分析框架得到了初步的解释与验证,表 4.2 从治理目标、外部要素、内部要素、资源投入、居民满意度等方面进一步总结和比较不同类型的新型农村社区治理的基本特征。

表 4.2　　　　三类新型农村社区治理基本特征

治理类型	代表案例	治理目标	外部要素	内部要素	资源投入	居民满意度
内嵌	A 案例	促进居民参与	低	高	中	高
外嵌	B 案例	提升管理能力	高	低	大	一般
互嵌均衡	C 案例	提升管理能力、促进居民参与	高	高	大	高

4.3 中国乡村社区治理进一步的思考和探索

根据本书建构的分析框架，随着时间的推移，由于不同社区治理类型自身的特征以及外部环境的影响，创新效果与持续性存在一定不确定性，不同治理类型之间可能彼此转化。

4.3.1 内嵌型

案例 A 面临最大的困境在于社区治理资源不足，过度依赖该社区居民委员会主任个人的能力和付出。调研中发现，社区治理案例中主任在一定程度上承担了设计、实施与维持创新的政策创新企业家的角色。因此，社区治理的未来发展目标和路径是通过调动多方外嵌资源向互嵌融合型转化。可行的思路是寻求超越村委会职能范围的问题解决办法。一方面，要积极争取政府和企业等社会力量的帮助和支持，助力农村社区解决治理难题。可以探索建立社区微信群与社区工作相关的基层政府职能部门的协同联动机制。另一方面，要防止内嵌向脱嵌型转化，乡村社区治理不能也不应该仅仅依靠个人的责任、担当和努力，需要建立长效机制，企业化、制度化运作。

4.3.2 外嵌型

B 社区面临的最突出问题是村民对社区治理参与不多，感受不深，村民的获得感与满意度提升作用有限。我们认为，对于外嵌为主型的乡村社区未来发展目标和转化路径是进一步优化完善政府、企业运作机制的基础上，通过提及村民自治与参与推动创新向互嵌型转化。乡村社区一方面要积极向村民宣传引入专业企业管理的重要意义和对村民日常生活带来的积极作用，另一方面要增加互动交流渠道、激活村民参与。可以考虑增设在线互动平台，定期邀请村委会、物业、基层政府相关职能部门工作人员以及社区志愿者和村民，对于社区公共事务、农村集体事务运行的问题和进一步优化方向进行线上线下广泛的协商与讨论和意见征集。与此同时，也要防止外嵌型发生消极滑落到脱嵌型，关键在于平衡好通过企业实验管理服务效能提升和政府有限的财政资源投入之间的关系。

4.3.3 互嵌均衡型

C 案例已实现了较好的治理成效。可以认为是本书提出的四种乡村社区治理类型中的最佳模式。对于此类型未来要在已有成果的基础上不断创新工作机制、优化平台功能，加强对社区大数据的深度分析利用，进一步提升管理服务能力和村民参与热情，逐步实现兼具内生与外生理性的共生乡村社区治理模式。要正视和直面当前工作中的不足，警惕执行中过度行政化挤压村民自治，导致向内嵌或外嵌甚至脱嵌转化的消极后果。应该切实强化党建引领对社区治理创新的积极作用，充分聚力"五社联动"，探索建立以社区为平台、社会组织为服务载体、社工专业人才为力量、共建单位为支撑、志愿者为骨干引领的服务治理模式，最大限度地吸纳自治多元力量。引入智能化社区治理单元，智能应用与社区治理的深度融合，避免社区治理中的形式主义、痕迹主义，逐步形成可复制可推广的乡村社区治理创新模式与经验。

以上各分型见表 4.3。

表 4.3　　　　　　　　各治理模式对比汇总

治理类型	问题	转化路径	措施	防范
内嵌型	社区治理资源不足，过度依赖该社区居民委员会主任个人的能力和付出	通过调动多方外嵌资源向互嵌融合型转化	积极争取政府和企业等社会力量的帮助和支持	防止内嵌向脱嵌型转化
外嵌型	村民对社区治理参与不多	提升村民自治与参与向互嵌融合型转化	积极宣传 增加互动交流渠道 增设在线互动平台	外嵌型发生消极滑落到脱嵌型
互嵌均衡型	四类模式中的最佳模式	保持与平衡	提升管理服务能力和村民参与热情吸纳自治多元力量引入智能化社区治理单元	向内嵌或外嵌甚至脱嵌转化

4.4　本章小结

　　乡村社区的建立是顺应时代发展潮流以及契合国家宏观政策导向的必然趋势。在当下社会发展进程中，传统乡村治理模式已经难以满足日益增长的乡村发展需求，构建新型乡村社区迫在眉睫。而乡村社区治理意义深远，其积极作用不仅体现在健全社区治理体系，让乡村治理从分散走向系统，从无序走向有序，更在于能够全方位提升社区治理水平。通过优化治理流程、整合治理资源，不断满足乡村居民在经济、文化、社会等多方面的需求，进而为实现共同富裕的宏伟目标奠定坚实基础。本章深入探究并清晰界定了乡村社区治理的内涵与特征。乡村社区治理，是指在乡村地域范围内，政府、企业、社会组织、村民等多元主体，基于平等、合作的原则，共同参与乡村事务的决策、执行与监督，以实现乡村经济发展、社会和谐、生态宜居的目标。其特征表现为治理主体的多元性、治理方式的协同性以及治理目标的综合性。

根据嵌入理论，构建了具有创新性的中国乡村社区治理分析框架。该框架强调乡村社区治理并非孤立存在，而是深深嵌入乡村特定的社会关系、经济结构和文化传统之中。在此基础上，将我国丰富多样的乡村社区治理实践进行科学分类，分为内嵌、外嵌、脱嵌和互嵌融合四种类型。内嵌式治理强调乡村内部传统组织与资源在治理中的核心作用；外嵌式治理注重引入外部力量推动乡村发展；互嵌融合式治理是各种治理方式相互渗透、相互促进，形成有机整体，探索全新治理路径。从动态发展的视角审视，不同乡村社区治理类型并非一成不变，而是可能随着乡村发展阶段、外部环境变化等因素发生彼此转化。

然而，在乡村社区治理过程中，政府、企业、村民、自组织等社会团体在组织化协同和公司化运作方面面临诸多问题与挑战。在组织协同方面，政府、企业、村民等多元主体间存在职责划分不清的状况，导致在处理乡村事务时容易出现相互推诿或重复劳动的现象。不同主体间的沟通机制也不完善，信息传递存在障碍，难以形成有效的治理合力。而且各主体利益诉求不一致，在资源分配、项目推进等方面容易产生矛盾冲突。从公司化运作角度来看，乡村社区在引入公司化运营模式时，常面临资金短缺问题，限制了项目的开展与产业的升级。专业人才匮乏，使公司化运营缺乏专业指导，难以实现高效管理。同时，村民对公司化运作模式的接受度和参与度不高，影响了该模式作用的充分发挥。

基于以上问题和挑战，后续章节将从政府、企业、村民的多元组织协同和公司化运作两个角度深入开展。在多元组织协同方面，研究如何进一步明确各主体职责，建立高效的沟通协调机制，平衡各主体利益诉求，以增强协同治理的效能。在公司化运作方面，探讨如何拓宽融资渠道、吸引专业人才，提高村民参与度与认同感，推动公司化运作模式在乡村社区治理中更好地发挥作用，最终为完善乡村社区治理体系、推动乡村振兴提供理论支持与实践路径。

第 5 章

新质生产力赋能组织协同提升乡村社区治理

在乡村振兴战略全面推进的宏大时代背景下，乡村社区治理的有效性已然成为实现乡村可持续发展的核心关键要素。随着时代的飞速发展，乡村社会结构日益复杂，不同群体的利益诉求呈现出多元化态势，同时外部环境变化也越发迅速。在这样的新形势下，传统的乡村治理模式，因长期依赖较为单一的管理架构和传统的决策方式，在面对这些复杂情况时，逐渐暴露出诸多局限性。例如，在处理涉及多个利益主体的土地流转问题时，传统模式往往因缺乏高效的协调机制，导致矛盾频发，项目推进受阻；在应对突发的环境变化，如自然灾害对农业生产的影响时，传统治理模式反应迟缓，无法及时出台有效的应对策略。

新质生产力，作为一种以创新起主导作用，彻底摆脱传统经济增长方式与生产力发展路径的先进生产力质态，其高科技、高效能、高质量的特征尤为显著。在高科技方面，人工智能技术能够深度挖掘乡村大数据，为精准农业提供技术支持，根据土壤肥力、气候条件等因素，精准指导农作物种植与灌溉，实现农业生产的智能化管理。高效能体现在新质生产力运用先进的生产技术和管理体系，大幅提升生产效率，以农产品加工为例，新型自动化生产线可以在短时间内完成大量农产品的加工，且产品质量稳定。高质量则保证了乡村产出的产品和服务在市场上具备更强的竞争力，像采用绿色、有机种植技术生产的农产品，凭借其高品质深受消费者青睐。

新质生产力对乡村社区治理的赋能，突出表现在组织协同方面。它能够打破乡村各组织间原有的壁垒，促进村委会、合作社、企业等不同主体之间的深度合作。比如，通过建立线上信息共享平台，使各方能够实时交流资源信息、需求信息，实现资源的高效调配。在资源整合上，利用大数据分析可以全面掌握乡村的土地、劳动力、资金等各类资源，进而合理规划，将资源投入最具发展潜力的项目中。在治理流程优化上，引入智能管理系统，简化烦琐的审批流程，提高决策的科学性与及时性。例如，在乡村基础设施建设项目的审批中，以往可能需要数月的层层审批，如今借助数字化管理系统，审批时间大幅缩短，且各环节透明可查。通过这一系列的举措，新质生产力能够极大地提升乡村社区的治理效能，构建起更加和谐、稳定、繁荣的乡村社区。不同组织与群体在新质生产力的带动下，实现协同发展，共同为乡村振兴贡献力量，推动乡村在经济、社会、环境等多方面实现可持续发展。

5.1 研究设计

组织是社会的基本特征，组织协同是社会发展到一定阶段的必然产物，也是社会治理有效性的基本维度，而多元化的组织协同是现阶段乡村治理的主要手段。关于组织协同与乡村治理之间关系的研究，主要集中于乡村治理中的组织协同现象、组织协同理论应用及乡村治理效应等方面。

5.1.1 关于乡村治理中的组织协同

乡村治理应用最广的理论是组织协同理论，该理论源于协同理论。协同理论是20世纪70年代由物理学科概念引申而来，通过不断演变而成的综合性理论分支，最早由德国物理学家Hermann Haken于1971年提出。Donahue（2004）较早将协同治理概念引入政府治理框架中，认为协同治理主要源于政府行为与私人行为的协同，特别是在政府行为之外引入的大量私人行为，能够有效推动公共服务目标的实现，主要包含了程序、期限、目标、参与人员、稳定形态、自由裁量权六大方面内容。Newman J等（2004）认为落后乡村地区治理需要多种主体参与，协同治理将发挥重要作用，但是相较于发达地区而言，协同治理的效果还不能得到明确验证，有待时间来进行检验。Newman S等（2009）指出协同治理是一种公共政策策略，是强调合作伙伴关系的政策工具，能够在推动落后地区建设方面解决一些"跨领域"的社会问题。Ansell和Gash（2008）指出协同治理实质是制度安排的体现，在集体决策将政府行为与非政府行为相结合，通过达成一致意见的目标来制定公共政策，这样能够实现公共政策的科学高效，也便于公共利益的最大化。Choi（2011）进一步指出，协同治理的多方关系中不仅包含了政府行为、私人行为，还有一些非政府组织的参与，多主体的参与使公共政策能够充分体现大多数人的利益，在解决复杂问题或者纠纷的时候十分有效。Emerson Kirk等（2012）同样认可了协同治理在公共政策领域能够发挥积极作用，同时进一步提出其在解决政府、私人、社会机构之间的冲突，缓和矛盾上有着不可替代的影响，能够发挥出其他政策措施所不能及的效应，对于公民社会中的合作关系处理有着重要指导意义。Shrestha（2013）进一步指出在协同治理过程中最重要的因素是合作，特别是对于乡村地区（发展落后地区）的经济社会发展而言，协同治理的首要任务是解决多主体合作问题，这是实现落后地区治理优化的前提条件之一。Taehyon和Robertson（2014）分析发现，在协同治理应用过程中，需要对利益相关主体进行更加详细的分析，针对社会治理的过程进行主体行为偏好的深入研究，这是决定公共政策效应的重要手段。Kapucu

(2015) 以海地这一国家为例,分析在欠发达地区治理过程中,领导以及机构等协同治理主体的具体表现,研究结果表明,基于多层次多维度的协同治理需要更加详细明确的架构方案,否则可能出现受外部影响下的负面效应。

5.1.2 关于乡村治理有效性的组织协同理论模型

国外关于组织协同治理理论及其在乡村地区领域应用形成了比较多的研究模型,并得出了一些成熟的研究结论。Sharon 和 Prefontaine (2003) 首次提出了协同治理理论在乡村地区治理过程中应该构建模型来进行深入分析,并尝试基于相关数据进行研究。Sharon 和 Eglene (2004) 由此构建了一个可以向基层社会提供公共产品和服务的模型,其核心内容还是基于协同治理来实施的。而且为了验证这一模型是否具有实际效果,选择了西方国家(美国、加拿大、欧洲)的12个发达地区展开分析,将当地的经济社会等因素综合考虑进去,选取了六个方面的指标分析后得出了协同治理有效的基本结论。Brinton 等 (2010) 基于 Sharon 等研究的协同治理模型,深入分析两种类型的地区治理模型及其差异性,基于上述六个维度的分析结论表明,协同治理的外部影响(政治经济、制度环境)十分显著。Molin 和 Masella (2016) 则是基于上述模型针对新兴网络技术应用下的协同治理方式创新进行研究,发现新型信息技术的普及对乡村治理的正向作用十分明显。Ansell 和 Gash (2008) 则基于协同治理在乡村地区的应用,从机制变革角度进行分析,构建了 SFIC 模型,这个模型的主要指标体系涵盖了四个方面,涉及基础因素、加成因素、制度安排以及协同方式方法的选择等,并且在实际操作分析中还可以根据不同地方的现状进行细分和设置个性化指标。Morgen 和 Zhu (2014) 基于 SFIC 模型,分析了地区医院等机构的协同治理效果,分析结果发现制度安排的作用十分明显,而且如果这一制度安排能够长时间发挥作用的话,其影响程度会更加显著。Mcguire 和 Fyall(2014)则认为公共政策的效果大小取决于协同治理的多主体,并未出现公共政策或者制度的决定性因素,仍然需要多层次的协同才能实现共同目标。Bryson 等(2006)认为,以往分析多数集中在对单一公共部门的政策分析,协同治理的应用多数是单线条的,由此进一步提出跨公共部门的协同治理的必要性,基于这一点在基本要素中添加了一些约束性因素,并且鉴于跨部门合作的要求还加入问责机制,由此得出的协同治理模型更加科学合理。Yasuko 等(2019)指出地方组织间的合作是跨部门协同的基本要素,通过医疗机构以及相关公共部门的协同效果来看,各部门角色定位的准确性是十分必要的。Plantec 等(2021)则指出公共部门的参与离不开必要的政策研究及制度安排,其中学术研究成果对于公共部门政策的影响也是十分明显的,也就是说起始条件的设定就需要必要的政策引导。Emerson Kirk 等(2012)基于嵌套方法分析发现,协同治理的关键还在于如何实现公共政策目标,在这一过程中不论是政府、私人还是机构都需要能够产生推动公共政策向积极方向发展的主动性和具体行为,只有这样才能实现协同治理机制有效运转。当然,这一过程仍然是动态变化的,所以还是需要根据实际情况来进行实用性分析。Shrestha(2013)基于上述综合性分析框架,利用尼泊尔农村供水和卫生合作计划(RWSSP)的数据分析发现,协同治理的成功与否,取决于相关参与主体在资源和技术方面的联系紧密程度,更具凝聚力的组织能够获得更加明显的支持,达到更高的绩效水平。Berends 等(2016)分析发现在卫生和社会服务政策制定过程中,需要构建必要的综合框架,这是推动卫生和社会服务事业发展的有效结构。

在引入组织协同治理概念之后,国内关于乡村地区建设的内容研究更加丰富,特别是基于组织协同治理多元主体以及协同协作机制的研究成果不断出现。郑巧和肖文涛(2008)指出协同治理属于系统概念的分支,形成这一系统的主要内容有政府、企业、公民等多类主体,通过这些主体的协同能够有效发挥各自在公共事务中的积极作用，也是推动公共政策落实的重要力量。何水（2008）则进一步指出政府、企业、公民等主体间的协同不仅是合作关系，更是推动实现协同治理有效性的重要支撑。此外，也有部分专家开始关注其基本内涵。李辉和任晓春（2010）、李汉卿（2014）指出协同治理更多的是反映在处理无序状态的时候，其治理本质体现在纠错。刘伟忠（2012）、郭鹏等（2017）认为协同治理则基于耦合理论，将这种多主体间协同关系表述为能够实现社会治理优化的一致性、同一性行为。田培杰（2014）、张贤明和田玉麒（2016）更关注协同治理的沟通机制，这些主体的参与更多是为了解决基层治理中所面临的各种矛盾，从解决矛盾角度入手，分析基层社会所拥有的资源及其利益关系，由此推动基层社会矛盾缓和，推动基层治理优化。

关于组织协同治理的模型及其在乡村领域的应用，国内的研究也不断丰富。杨志军（2010）提出的多中心协同治理模型就具有普遍适用性，该模型构成要素包括宏观层面和微观层面。宏观层面上，主要涉及影响协同治理的外部因素，如法律、技术等，通过这些外部因素的影响，能够优化协同治理主体间关系，形成更加科学的协同治理理论体系和实践方案。微观层面上，则主要涉及组织、人事、资金等内在因素，通过这些内在因素之间的共同作用，才能构成公共政策的框架体系，也可以从内部打造协同治理的多方面支撑。田培杰（2013）同样基于乡村地区内外因素影响形成了一些新的观点。在政治、法律等外在因素影响下，协同治理的多类主体还是需要通过实际的参与才能实现治理有效性，这里面需要认真区分不同主体的动机及其可能的行为导向，综合考虑各自的协同目标及其可能带来的影响（正面或者负面皆有可能），形成一个可操作的协同实践案例，最终产生协同治理的实际效果，推动基层治理能力或水平提升。范逢春和李晓梅（2014）提出的模型相对于之前学者有所不同，主要是从合作、竞争的博弈视角出发，兼顾了一些外部制约因素，认为想要推动农村公共服务水平提升，需要从需求提出、政策制定、资金支持、具体实施、综合评价以及事后监管六个方面展开，这其中涉及的多类主体需要积极参与这一系统的运行，在不同环节发挥作用，最终推动农村公共服务能力水平提升。徐润雅（2016）将组织、信息、信任、自治、目标等多个方面的因素涵盖进去，构建了可以推动协同治理的驱动因素，其具体运作机理是以上述因素作为参与主体的行为模式，将其中的机制运转行为套入协同治理的主框架中，特别是其中涉及的正向和负向影响，能够有效作用于基层社会治理上。在具体的应用上，不同学者的研究结论也有所差异。滕玉成和牟维伟（2010）、南刚志（2011）均认可了乡村治理中的协同机制作用，特别是民主机制的作用巨大。欧阳静（2012）提出了乡镇驻村制度对于基层治理的重要影响。李松玉（2015）则认为制度权威建设更加重要。何植民和陈齐铭（2017）认为乡村治理有着内在逻辑，应该注重因地制宜，在原有模式基础上进行创新。陈成文（2020）也强调了制度因素在乡村治理中的重要性。

5.1.3 关于乡村治理的组织协同路径

回归到乡村治理的本源上来，殷琼（2010）较早总结了乡村治理的实践经验，认为乡村治理并无统一模式，应该允许选择适合本地特色的发展路径。张金鹏（2010）针对乡村少数民族地区发展提出了制度性的建议。唐兴霖等（2012）指出乡村治理创新需要综合性的模式来进行统一引导。罗家德和李智超（2012）进一步提出了乡村自组织治理的必要性，针对其中的互信机制进行研究发现，信任程度的大小是决定乡村经济合作组织成败的关键。文军（2012）认为需要形成一种合理的乡村治理结构，激励广大村民群众积极参与乡村建设。李增元和葛云霞（2014）、井世洁和赵泉民（2015）、闫臻（2015）根据不同地区的实践进一步探索了乡村治理的具体模式。曹立前和尹吉东（2016）认为治理转型是推进新时代乡村发展的重要手段。张学军和李丽娜（2018）从特色小镇的发展分析认为乡村转型还需要因地制宜。林莉（2019）、彭定萍（2019）、华汛子（2020）、刘彬等（2021）则基于乡村振兴战略的提出，进一步研究了乡村治理的可行路径，特别是可持续性研究。深入组织协同治理的具体选择、结构类型以及关于乡村治理的绩效评估等研究上，学者的研究见解也不断深入。郭正林（2004）认为乡村治理中绩效评估的结果是比较重要的，作为制度构建的重要手段，一个可靠的绩效评估体系的构建是推动乡村发展的关键所在。贺雪峰和董磊明（2005）指出乡村治理中结构选择的重要性更强。刘涛和王震（2007）认为国家介入乡村治理是十分必要的，从国家——社会角度的研究表明，基层治理仍然需要国家权力参与。蒋旭峰（2013）从社会协同这一具体的模式研究出发，分析了传播建构在乡村治理中的作用。陈锋（2015）认为乡村治理中的关键逻辑是如何进行利益分配，特别是"内卷化"背景下如何实现资源优化配置是关键。杨华锋（2015）、李祖佩（2017）、陈成文和吴军民（2017）分别从"内卷化"的相关方面进行分析，提出了相应的政策建议。陈成文和陈建平（2018）进一步梳理了国内外乡村治理的典型模式，提出了社会组织参与乡村治理的多种研究路径。王燕等（2018）则从科技协同角度分析了实现乡村治理现代化的重要途径。蔡文成（2018）认为党组织的参与是实现乡村治理现代化的重要路径，党组织参与是组织协同的重要表现方式之一。邓大才（2018）、孙莹（2019）、丁忠甫（2021）均认可了党组织参与的重要性，并提出了相关政策建议。

综上所述，本章提出基本研究假设：在乡村治理过程中组织协同能够发挥正向作用，有助于提升乡村治理有效性。其两个子假设分别是：假设1a：乡村治理组织纵向协同程度越高，越有助于提升乡村治理有效性；假设1b：乡村治理组织横向协同程度越高，越有助于提升乡村治理有效性。

5.2 模型构建及变量描述

5.2.1 模型构建

一方面,在相关文献以及研究中,组织协同在推动乡村治理过程中的确能够发挥积极作用,但是对于组织协同过程乡村地区村民的实际评价还不得而知,需要通过实际调查研究分析才能得出切实结论,不能仅仅通过政府部门或者财政资金投入的数量金额来反映。在乡村治理过程中,组织协同所能带来的实际效果需要根据村民实际感受得出,这种实际感受是需要与村民交流才能得到相对真实有价值的结论。组织协同过程中,不同参与主体的视角不一致,基层政府组织(县乡政府)、党员干部、村集体、村干部、社会组织、社会资本、投资人、村民自身等多元主体的存在,均可能反映出不一样的结果。比如,基层政府组织可能认为自己投入了大量的精力参与乡村治理工作,也建设了一些基础设施,治理效果看起来还是很不错的;村集体、村干部认为每天劳心劳力,所做的工作却不被认可;村民也可能认为自己在乡村治理过程中享受到的政策所带来的利益并不明显,或者认为自己享受到的利益比其他人低,这时就会造成明显的心理落差,进而导致乡村治理的有效性受到影响。这也就是本书将关注视角聚焦在村民实际评价的主要原因,因为只有乡村治理实施的实际受益主体得到了公平公正的对待或者感受到了乡村发展的红利之后,才可能真正为治理叫好,做出更加积极的行动来响应。

显然,本章所使用的关键被解释变量属于个人的主观感受,其取值是典型的排序数据,本书采用国内外文献中广泛使用的有序 Probit 模型、最小二乘法 OLS 模型及有序的 Logit 模型来分别进行回归分析。本章设定的基本模型如下：

$$U_i(x) = x_i - \alpha_i \frac{1}{n-1} \sum_{j \neq i} \max\{x_j - x_i, 0\} - \beta_i \sum_{j \neq i} \max\{x_i - x_j, 0\},$$

即在乡村治理过程中，新质生产力赋能多元组织协同能够提升其治理有效性。通过分析村民对于组织协同下乡村治理的效果真实评价来进行基本判断，也就是说真实评价水平越高表明该地区乡村治理的效果越好。

假设村民对组织协同维度下乡村治理有效性的满意度是与村民受组织协同有关政策影响的效用水平存在正向影响。其中，n 为村民人数；U 为效用水平；x 为村民收益；α 为村民嫉妒心理参数；β 为村民同情心理参数，且 α 与 β 的取值在（0，1）。此外，上述内容还将村民在这其中产生的不公平感受程度考虑了进去，简单而言就是充分考虑了"不患寡而患不均"的心态。也就是说当 i 的收益小于 j 的收益，i 会有明显的不均衡心态，这其中的公平心理效用损失为 $\alpha(x_i - x_j)$，主要原因就是"不患寡而患不均"的心态；而当 i 的收益大于 j 的收益时，村民 i 产生的心理效用损失则为 $\beta(x_i - x_j)$，这部分的心理效用损失则主要来自村民的同情心理。在"理性人假设"的前提下，村民个人在面对集体所带来的利益分配问题上仍然是以保护自身利益为基本行为准则。

因此，这一模型结果也反映出村民在参与组织协同维度下的乡村治理的实施过程中，村民的感知情况能够对村民的效用情况产生制约，对乡村治理有效性产生影响，而实现村民效用最大化能够验证本章的基本研究假设。

5.2.2 变量描述

被解释变量：受访人对于组织协同维度下乡村治理有关政策的总体感受。本章分析组织协同维度下乡村治理有效性的被解释变量仍然聚焦在村民实际感受上，因此，在问卷调查过程中，针对这种综合评价单独设置了一个问题"您对上述第二部分内容（组织协同部分）的整体满意度评价如何"。受访人会按照五分法（满意程度的五种分类）选出自己的答案，依次可以用1~5得分来体现。

解释变量：一是政府组织活动频繁程度，强村公司、村民自组织工作开展情况满意度，是对政府、村民、社会组织多元主体的有效性考察；二是参与县乡等基层政府部门活动的积极程度，考察县乡基层政府对于村集体的关注程度；三是实际问题、重大政策决议过程实际运行情况满意度，考察三方多元组织的运行效果；四是公共服务平台的服务满意度，考察部门协同的运行效果。受访人一样会按照五分法（满意程度的五种分类）选出自己的答案，依次可以用1~5得分来体现。

控制变量：基于外部因素考虑，选择个人基本情况的性别、年龄、文化教育程度、对村集体财务收支了解程度、年均个人可支配收入，以及受访人所在村是否为乡政府所在地、所在村是否为乡村治理试点村落。上述控制变量中，受访人对于该问题的回答分别有现实指标的回答（根据实际情况取值），是与否（赋值为0和1），或如上所述也采用五分法衡量。具体见表5.1。

表5.1　组织协同维度下指标定义

维度	变量	指标
被解释变量	组织系统整体满意度	根据受访人回答问卷第二部分的第11题 非常不满意=1，不太满意=2，一般=3，比较满意=4，非常满意=5
解释变量	政府部门活动	同上，采用五分法
	强村公司活动	同上，采用五分法
	村民自组织	同上，采用五分法
	县乡基层活动	同上，采用五分法
	决议过程	同上，采用五分法
	公共服务平台	同上，采用五分法

续表

维度	变量	指标
控制变量	性别	男=1，女=2
	年龄	受访人的周岁年龄
	受教育程度	文盲=1，小学=2，初中=3，高中=4，大专及以上=5
	对村集体财务了解程度	同上，采用五分法
	可支配收入	年均个人可支配收入实际值：40000以下=1；40000~60000=2；60000以上=3
	乡政府所在地	受访人所在村是否为乡政府所在地：是=1，否=0
	乡村治理试点	是否为乡村治理试点村庄：不是=1，正在准备=2，是，刚获审批通过=3，已通过验收=4

5.3 估计结果及分析

5.3.1 描述统计

具体来看，被解释变量组织系统整体满意度的平均分达到 3.4 分，即村民对于多元组织共治的状况是满意的。对于政府部门活动、强村公司活动、县乡基层活动这几个关键解释变量的平均值分别为 3.8、3.9、4.2，说明大部分村民是认可这一多元共治模式的。而村民自组织、决议过程以及公共服务平台的建设这几个解释变量的平均值分别为 3.2、3.0 和 3.6，说明相比政府和市场行为，村民的主动性相对较弱。控制变量在上一节中已做说明，此处不再赘述。如表 5.2 所示。

表 5.2　　　　　　　　组织协同现状描述统计

变量	Min	Max	Mean
多元组织整体满意度	1	5	3.418
政府部门活动	1	5	3.867
强村公司活动	1	5	3.975
村民自组织	1	5	3.253
县乡基层活动	1	5	4.328
决议过程	1	5	3.028
公共服务平台	1	5	3.637
性别	1	2	—
年龄	15	86	—
受教育程度	1	5	—
对村集体财务了解程度	1	5	3.690
可支配收入	1	3	—
乡政府所在地	0	1	—
乡村治理试点	1	4	2.928

为了进一步查验各控制变量对解释变量的影响，本章采用方差分析进行验证。

从表 5.3～表 5.6 可以看出，性别不同、受教育程度不同、乡村治理试点村落的被调查者对被解释变量整体满意度和六个维度的解释变量显著性影响均小于 0.05，通过了显著性的检验。所以说在组织协同维度上个人基本特征对治理满意度评价会产生显著性影响。而年龄不同的被调查者的显著性影响都大于 0.05，没有通过显著性的检验。因此，年龄对这些指标没有显著影响。

表 5.3　　不同性别在被解释和解释变量上的差异

项目	性别	N	均值	显著性
整体满意度	男	538	3.87	0.007
	女	231	3.02	
政府部门活动	男	538	3.72	0.001
	女	231	3.94	
强村公司活动	男	538	4.02	0.013
	女	231	3.88	
村民自组织	男	538	3.46	0.005
	女	231	3.04	
县乡基层活动	男	538	4.33	0.007
	女	231	4.32	
决议过程	男	538	3.12	0.011
	女	231	2.98	
公共服务平台	男	538	3.72	0.023
	女	231	3.59	

表 5.4　　不同年龄在被解释和解释变量上的差异

项目	年龄	N	均值	显著性
整体满意度	30 岁以下	62	4.02	0.147
	30~40 岁	114	3.33	
	40~50 岁	343	3.48	
	50~60 岁	202	3.22	
	60 岁以上	48	4.00	
政府部门活动	30 岁以下	62	3.65	0.164
	30~40 岁	114	3.81	
	40~50 岁	343	3.79	
	50~60 岁	202	3.85	
	60 岁以上	48	3.85	

续表

项目	年龄	N	均值	显著性
县乡基层活动	30 岁以下	62	3.95	0.691
	30～40 岁	114	3.98	
	40～50 岁	343	4.07	
	50～60 岁	202	3.42	
	60 岁以上	48	3.38	
强村公司活动	30 岁以下	62	3.046	0.551
	30～40 岁	114	3.86	
	40～50 岁	343	3.53	
	50～60 岁	202	3.216	
	60 岁以上	48	3.36	
村民自组织	30 岁以下	62	4.02	0.234
	30～40 岁	114	4.23	
	40～50 岁	343	4.38	
	50～60 岁	202	4.32	
	60 岁以上	48	4.33	
决议过程	30 岁以下	62	2.87	0.356
	30～40 岁	114	2.98	
	40～50 岁	343	3.02	
	50～60 岁	202	3.12	
	60 岁以上	48	2.96	
公共服务平台	30 岁以下	62	3.35	0.154
	30～40 岁	114	3.63	
	40～50 岁	343	3.78	
	50～60 岁	202	3.45	
	60 岁以上	48	3.58	

表 5.5　不同受教育程度在被解释和解释变量上的差异

项目	受教育程度	N	均值	显著性
整体满意度	文盲	19	3.68	0.014
	小学	192	3.57	
	初中	351	3.23	
	高中	125	3.43	
	大专及以上	82	3.12	
政府部门活动	文盲	19	3.88	0.042
	小学	192	3.81	
	初中	351	3.79	
	高中	125	3.85	
	大专及以上	82	3.62	
县乡基层活动	文盲	19	4.35	0.001
	小学	192	3.98	
	初中	351	3.87	
	高中	125	3.82	
	大专及以上	82	3.62	
强村公司活动	文盲	19	3.04	0.041
	小学	192	3.46	
	初中	351	3.53	
	高中	125	3.21	
	大专及以上	82	3.51	
村民自组织	文盲	19	3.43	0.021
	小学	192	3.28	
村民自组织	初中	351	3.46	0.021
	高中	125	3.43	
	大专及以上	82	3.21	
决议过程	文盲	19	3.50	0.049
	小学	192	3.30	
	初中	351	3.42	
	高中	125	3.12	
	大专及以上	82	3.08	

续表

项目	受教育程度	N	均值	显著性
公共服务平台	文盲	19	3.62	0.034
	小学	192	3.48	
	初中	351	3.42	
	高中	125	3.54	
	大专及以上	82	3.21	

表 5.6　乡村治理试点村落在被解释和解释变量上的差异

项目	性别	N	均值	显著性
整体满意度	已通过	233	3.37	0.047
	已申报	324	3.32	
	准备申报	160	3.22	
	没有	52	3.19	
政府部门活动	已通过	233	3.72	0.031
	已申报	324	3.94	
	准备申报	160	3.26	
	没有	52	3.21	
强村公司活动	已通过	233	3.41	0.043
	已申报	324	3.52	
	准备申报	160	3.22	
	没有	52	3.42	
村民自组织	已通过	233	3.672	0.040
	已申报	324	3.804	
	准备申报	160	3.12	
	没有	52	3.42	
县乡基层活动	已通过	233	3.53	0.009
	已申报	324	3.54	
	准备申报	160	3.42	
	没有	52	3.21	

续表

项目	性别	N	均值	显著性
决议过程	已通过	233	3.47	0.029
	已申报	324	3.46	
	准备申报	160	3.64	
	没有	52	3.29	
公共服务平台	已通过	233	4.10	0.000
	已申报	324	3.76	
	准备申报	160	3.43	
	没有	52	3.21	

5.3.2 回归结果讨论

根据表 5.7 的回归结果显示了组织协同维度下各解释变量对治理满意度的基准回归结果。为了查看关键解释变量回归结果的稳健性，第（1）列仅控制了解释变量和被解释变量。从第（2）列、第（3）列、第（4）列在加入解释变量后，依次逐步引入受访者的人口统计学特征、财务状况特征以及村庄特征这些控制变量。在第（1）列回归结果表明，在不控制其他控制变量的情况下，治理满意度的回归系数为正且在 1% 的显著性水平上显著，初步显示各个解释变量与治理满意度之间存在正向联系。第（2）列在回归方程中加入了人口统计学特征，解释变量对被解释变量的回归系数依然在 1% 的显著性水平上显著为正。类似地，第（3）列又在回归方程中补充加入了财务状况特征，其回归系数依然在 1% 的水平上正向显著。最后，第（4）列进一步增加了村庄特征这一变量后，发现回归系数依然为正，并且在 1% 的水平上显著。以第（4）列为例，县乡基层活动对组织协同维度下的乡村治理有效性的影响最大，系数为 0.283，且在 1% 的水平上显著；强村公司活动、政府部门活动的频繁程度对组织协同维度下乡村治理有效性的正向影响次之，系数分别为 0.198、0.182，其在 1% 的水平上显著正相关。村民自组织、决议过程、公共服务平台对组织协同维度下乡村治理有关政策的正向影响依次减弱，同样以第（4）列为例，其中村民自组织系数为 0.145，决议过程系数为 0.129，公共服务平台系数为 0.112。上述 6 项解释变量在组织协同维度下均能够产生积极影响，虽然影响程度有大小差别，但是在推动乡村治理过程中的正面作用都得到了验证。

表 5.7 同时还解释了控制变量中的受访人性别、文化教育程度、对村财务收支的了解程度、村内经济收入和乡村治理试点村落对于受访人对组织协同维度下的乡村治理的效果满意度评价显著性相关。一是从性别上看，变量系数为负数，说明男性对于多元组织维度下的乡村治理满意度评价要高于女性的评价。究其原因，在农村普遍存在男尊女卑的生活态度，同时男性外出务工或是参与农业活动的时间也会大于女性，因此男性对于组织协同参与的过程更高，那么相对来说期望值也会更高，也就相当于满意度评价要更低一些。二是受访人的文化教育程度变量的系数为负值，也就是组织协同治理的满意度与受访人的文化程度成反比，说明随着人们接受的文化教育越高，对组织协同的认知越具体，相应的期望值也会更高，那么对于治理的满意度就会有所下降。三是受访人对村财务收支了解情况的回归系数为正值，表明人们对于村子的财务状况越了解，对组织协同维度下乡村治理满意度评价也会越高。四是村内可支配收入的回归系数为正值，说明村民的经济收入提高，村民对于治理工作的认可度也会提高。五是乡村试点工作的回归系数为负值，表明试点工作能够有效地增进村民对于治理工作的认可。因此，未来村政府在落实组织协同治理时应更加注重执行过程的监督作用，同时进一步提升村民参与感，这也会利于村民对于政府实施组织协同维度下乡村治理有关政策的满意度评价的提升，从而推动乡村治理有效性水平提升。

表 5.7　　多元组织治理维度下的基准回归结果

	（1）	（2）	（3）	（4）
	被解释变量：治理满意度			
政府部门活动	0.181***	0.152***	0.116***	0.182***
强村公司活动	0.234***	0.287***	0.290***	0.198***
村民自组织	0.120***	0.134***	0.167***	0.145***
县乡基层活动	0.385***	0.335***	0.282***	0.283***
决议过程	0.110***	0.090***	0.093***	0.129***
公共服务平台	0.128***	0.119***	0.116***	0.112***
性别		-0.080***	-0.090***	-0.091***
年龄		0.029	0.028	0.028
文化教育程度		-0.035***	-0.036***	-0.035***
对村集体财务了解程度			0.277***	0.273***
可支配收入			0.097***	0.101***
乡政府所在地				-0.235***
乡村治理试点				-0.028***
似然	-573.36	-568.28	-534.84	-524.18
$P > chi^2$	0.024	0.026	0.028	0.028
PR^2	0.032	0.028	0.030	0.030

此外，从村庄的外部环境特征变量来分析，其中乡政府所在地、乡村治理试点工作这2个变量的系数为正，说明这2个变量对于受访人的组织协同维度下的乡村治理满意度是有正向的显著影响。具体来看，受访人所在村如果是乡镇政府所在地，那么村民对于多元协同治理维度下的满意度也越高。因为目前浙江省的城镇化率已达70%以上，越靠近乡镇中心经济相对本市越发达，城市反哺农村的经济上支持也会更多，城乡差异也就更小，同时上级政府的政策落实更快捷，村民对于协同治理的满意度也就越高。

5.3.3 边际效应分析

考虑到本章基准回归中量化的村民治理满意度为排序数据,即将其依次划分为了五个等级,那么,各个解释变量对村民治理满意度感受的各个等级产生什么样的边际影响?拥有多元协同治理的广度与深度又会在村民对治理满意度感受中究竟发挥着什么样的作用?

上一节基准模型验证采用的是有序 Probit 模型进行估计,但该模型的估计系数含义并不直观,只能从显著性水平以及系数符号方面给出有限的信息。因此,为了更深入地了解各解释变量及控制变量对治理满意度的具体影响,本小节继续进行边际效应分析。参考(连玉君等,2014)的做法,我们将表 5.7 的结果转化计算出边际影响。同样可以证明各解释变量及控制变量对于被解释变量均有显著性影响。其中,组织协同越深入、横向联系越多,村民的实际感受也会越好,即"非常不满意""不太满意""一般"的概率呈下降趋势,"比较满意""非常满意"的概率呈上升趋势。其中:政府部门活动的非常不满意程度下降了 1.8%,不太满意程度下降了 2.1%,一般程度下降了 5.1%,而比较满意和非常满意分别上升了 4.9% 和 4.3%,合计为 0;强村公司的活动的非常不满意程度下降了 2.2%,不太满意程度下降了 2.8%,一般程度下降了 4.6%,而比较满意程度上升了 4.3%,非常满意程度上升了 5.3%;村民自组织的非常不满意程度下降了 2.0%,不太满意程度下降了 1.4%,一般程度下降了 2.9%,而比较满意程度上升了 3.4%,非常满意程度上升 2.9%;决议过程的非常不满意程度下降了 1.8%,不太满意程度下降了 2.1%,一般程度下降了 5.1%,而比较满意和非常满意分别上升了 4.9% 和 4.3%;公共服务平台的非常不满意程度下降了 1.4%,不太满意程度下降了 1.8%,一般程度下降了 4.1%,而比较满意程度上升了 3.9%,非常满意程度上升了 3.8%。

公司化运营维度下，权利、资源、服务下放得越多，民的实际感受也会越好，即"非常不满意""不太满意""一般"的概率呈下降趋势，"比较满意""非常满意"的概率呈上升趋势。其中：政府部门的非常不满意程度下降了1.8%，不太满意程度下降了2.1%，一般程度下降了5.1%，而比较满意和非常满意分别上升了4.9%和4.3%，合计为0；强村公司的活动的非常不满意程度下降了1.6%，不太满意程度下降了2%，一般程度下降了4.3%，而比较满意程度上升了5.3%，非常满意程度上升了4.7%；村民自组织的非常不满意程度下降了1.1%，不太满意程度下降了1.4%，一般程度下降了3.7%，而比较满意程度上升了3.4%，非常满意程度上升3.5%；县乡基层活动的非常不满意程度下降了1.6%，不太满意程度下降了2.8%，一般程度下降了4.5%，比较满意程度上升了4.2%，非常满意度上升了4.1%；决议过程的非常不满意程度下降了1.1%，不太满意程度下降了1.4%，一般程度下降了3.7%，而比较满意和非常满意分别上升了3.4%和3.5%；公共服务平台的非常不满意程度下降了1.5%，不太满意程度下降了2.7%，一般程度下降了4.8%，而比较满意程度上升了4.0%，非常满意程度上升了5.0%。具体数据见表5.8。

表5.8 组织协同维度下乡村治理有关政策对受访人政策满意度影响的边际效益

组织协同	非常不满意	不太满意	一般	比较满意	非常满意
政府部门活动	-0.018***	-0.021***	-0.051***	0.049***	0.043***
强村公司活动	-0.022***	-0.028***	-0.046***	0.043***	0.053***
村民自组织	-0.020***	-0.014***	-0.029***	0.034***	0.029***
县乡基层活动	-0.016***	-0.028***	-0.045***	0.042***	0.041***
决议过程	-0.011***	-0.014***	-0.037***	0.034***	0.035***
公共服务平台	-0.015***	-0.027***	-0.048***	0.040***	0.050***
性别	0.002	0.034*	0.072**	-0.073**	-0.035**
年龄	0	0	0	0	0

续表

组织协同	非常不满意	不太满意	一般	比较满意	非常满意
文化教育程度	0.001*	0.013*	0.029**	-0.027*	-0.016*
财务了解程度	-0.035*	-0.030**	-0.028**	0.040**	0.053**
可支配收入	0.001	0.001	0.013	-0.010	-0.005
乡政府所在地	-0.001*	-0.009**	-0.010**	0.006***	0.014***
乡村治理试点	0	-0.055***	-0.073***	0.069***	0.059***

注：***、**、*分别表示在1%、5%和10%的水平上显著。

5.4 稳健性检验

为保证上述实证结果的可靠性，还需要进行稳健性检验。稳健性检验考察的是评价方法和指标解释能力的强壮性，也就是当改变某些参数时，评价方法和指标是否仍然对评价结果保持一个比较一致、稳定的解释。通俗来讲就是改变某个特定的参数，进行重复实验，来观测实证结果是否随着参数设定的改变而发生变化，如果改变参数设定以后，结果发现符合和显著性发生了改变，说明不是稳健的，需要寻找问题的所在。本小节将采用调整估计方法、替换关键指标、改变实证样本等一系列方法展开稳健性检验，目的在于充分论证上述观点。

5.4.1 调整估计方法

和有序 Probit 模型相对应的是有序 Logit 模型（Ordered Logit Model），这两种估计方法仅存在比较细微的差别，前者的扰动项服从标准正态分布，而后者的扰动项则服从 Logistic 逻辑分布。因此，有序 Probit 模型相对应的是有序 Logit 模型，通常都被用来估计被解释变量是排序数据的回归方程。

与此同时，虽然居民的主观幸福感数据一个典型的排序数据，但是近年来也有很多本领域研究为了获取回归系数的经济学含义，采用经典的普通最小二乘法（Ordinary Least Squares，OLS）进行估计（何立新、潘春阳，2011；Jiang et al.，2012；Hu、Ye，2020）。为此，本章首先应用有序的 Probit 模型、有序 Logit 模型和 OLS 方法，重新估计村民满意度的影响。

根据表 5.9 的回归结果显示，上述 Probit、OLS、Logit 的结构均得出了组织协同维度下乡村治理有关措施均在 1% 的显著性水平上正向影响着受访人的实际感受，同时受访人的特征中的性别负向影响受访人的实际感受，文化教育程度正向影响公司化运作维度下实际感受及负向影响组织协同维度下的实际感受；各项经济指标均正向影响受访人的实际感受，而村落本身的外在条件则正向影响公司化运作维度下实际感受及负向影响组织协同维度下的实际感受。虽然各方法算出的影响程度有大小差别，但是都在 1% 的显著性水平上显著及方向相同，因此可以验证上述结果的稳健性。

表 5.9　组织协同维度下乡村治理有关政策与受访人实际感受的实证结果

组织协同	Probit	OLS	Logit
政府部门活动	0.182***	0.192***	0.223***
强村公司活动	0.198***	0.230***	0.223***
村民自组织	0.145***	0.113***	0.289***
县乡基层活动	0.283***	0.116***	0.204***
决议过程	0.129***	0.223***	0.120***
公共服务平台	0.112***	0.091***	0.121***
性别	-0.091***	-0.326**	-0.268**
年龄	0.028	-0.001	-0.002
文化教育程度	-0.035***	-0.134*	-0.198**
财务了解程度	0.273***	0.423***	0.682***
可支配收入	0.101***	0.002	0.004

续表

组织协同	Probit	OLS	Logit
乡政府所在地	-0.235***	-0.020***	-0.021***
乡村治理试点	-0.028***	-0.004**	-0.001**
似然	-573.36	—	-584.72
$P > chi^2$	0.024	—	0
PR^2	0.032	—	0.048
R^2	—	0.278	—
调整后 R^2	—	0.236	—

5.4.2 替换关键指标

除了上述调整估计方法进行的稳健性检验外,本节继续通过替换关键指标的方式进行稳健性检验,尤其是对解释变量进行调整,将受访人对于组织协同维度下和公司治理维度下乡村治理有关政策开展分样本分析。基于受访人对于组织协同维度下乡村治理有关政策的整体满意度评价,而由于组织协同维度下乡村治理有关政策分类较广,在此本书对问卷中6个政策举措进行分类,按照纵向协同与横向协同两个政策类型进行重新评价分析。其中纵向协同包括政府部门活动、强村公司活动、村民自组织和县乡基层活动;横向协同包括决议过程和公共服务平台。

因此,我们对受访人对于不同类型的组织协同维度下乡村治理有关实际感受进行分组回归,从而检验组织协同维度下乡村治理有关政策与受访人的满意度评价之间是否仍然存在显著的正向作用关系。此外,为了便于结果的比较,采取逐步加入控制变量的方式进行分步回归,结果如表5.10所示。不管是采用哪种模型都可以发现,对于纵向协同和横向协同的乡村治理有关政策满意度评价,受访人的实际感受都受到组织协同维度下乡村治理政策执行情况的显著性正向作用;且实证分析结果与此前结果相同

(系数上略有差异),均通过检验,结果可靠。

表 5.10　不同类型组织协同维度下乡村治理
有关政策的稳健性检验

组织协同	纵向协同		横向协同	
	模型 1	模型 2	模型 1	模型 2
政府部门活动	0.192**	0.259**		
县乡基层活动	0.187**	0.201**		
村民自组织	0.174*	0.199**		
强村公司活动			0.272***	0.282**
公共服务平台			0.205**	0.281**
决议过程			0.208**	0.211**
个人特征变量	是	是	是	是
外部环境特征	否	是	否	是
atanhrho_12		0.089*		0.203**
PR^2	0.056		0.056	

注:***、**、*分别表示在1%、5%和10%的水平上显著。

5.4.3　改变实证样本

通常人们会认为居民的收入高,对村政府的包容性更高,对乡村治理的政策及治理效果的感受也会更好,因此本节根据居民的收入状况,将问卷分为三类,开展稳健性检验。表 5.11~表 5.13 分别显示了低收入、中等收入、高收入下的样本稳健性检验结果,可以看出,解释变量组织协同满意度的回归系数依旧为正且都在1%的显著性水平上显著,这也强化说明了纵向协同和横向协同对村民满意度的正向促进作用是稳定存在的。

表 5.11　高收入村民组织协同维度下乡村治理有关政策的稳健性检验

组织协同	纵向协同		横向协同	
	模型 1	模型 2	模型 1	模型 2
政府部门活动	0.182**	0.235**		
村民自组织	0.236**	0.234**		
县乡基层活动	0.203**	0.198**		
强村公司活动			0.267***	0.268**
决议过程			0.162*	0.201**
公共服务平台			0.219**	0.301**
个人特征变量	是	是	是	是
外部环境特征	否	是	否	是
atanhrho_12		0.097*		0.219**
PR^2	0.056		0.056	

注：***、**、*分别表示在1%、5%和10%的水平上显著。

表 5.12　中等收入村民组织协同维度下乡村治理有关政策的稳健性检验

组织协同	纵向协同		横向协同	
	模型 1	模型 2	模型 1	模型 2
政府部门活动	0.192**	0.259**		
县乡基层活动	0.272***	0.282**		
村民自组织	0.187**	0.201**		
强村公司			0.236***	0.276***
决议过程			0.174*	0.199**
公共服务平台			0.205**	0.281**
个人特征变量	是	是	是	是
外部环境特征	否	是	否	是
atanhrho_12		0.097*		0.213**
PR^2	0.066		0.086	

注：***、**、*分别表示在1%、5%和10%的水平上显著。

表 5.13　低收入村民组织协同维度下乡村治理有关政策的稳健性检验

组织协同	纵向协同		横向协同	
	模型 1	模型 2	模型 1	模型 2
政府部门活动	0.192**	0.259**		
县乡基层活动	0.256***	0.297**		
村民自组织	0.203**	0.211**		
强村公司			0.198***	0.202***
决议过程			0.184*	0.187**
公共服务平台			0.213**	0.297**
个人特征变量	是	是	是	是
外部环境特征	否	是	否	是
atanhrho_12		0.089*		0.203**
PR^2	0.056		0.056	

注：***、**、* 分别表示在 1%、5% 和 10% 的水平上显著。

5.5　结论分析

本章前面的基准回归结果、边际效应检验、稳健性检验分析等内容，系统性揭示了多元协同政策执行对村民满意度和公司化运作后对村民满意度的具体影响，同时通过多种手段确保了实证结论的稳健性和可靠性。

首先，从基准回归入手，根据组织协同维度下的回归结果可知县乡基层活动对组织协同维度下的乡村治理有效性的影响最大，系数均为 0.283，且在 1% 的水平上显著；强村公司活动、政府部门活动的频繁程度对组织协同维度下乡村治理有效性的正向影响次之，系数分别为 0.198、0.182，其在 1% 的水平上显著正相关。村民自组织、决议过程、公共服务平台对组织协同维度下乡村治理有关政策的正向影响依次减弱，同样以表 5.7 中第（4）列为例，其中村民自组织系数为0.145，决议过程系数为0.129，公共服务平台系数为0.112。上述6项解释变量在组织协同维度下均能够产生积极影响，虽然影响程度有大小差别，但是在推动乡村治理过程中的正面作用都得到了验证。同时控制变量对于受访人对组织协同维度下的乡村治理的效果满意度评价显著性相关。其中一是性别变量系数为负数，说明男性对于多元组织维度下的乡村治理满意度评价要高于女性的评价，因此在未来组织协同维度下乡村治理有关政策实施过程中应加大对女性的关注程度。二是受访人的文化教育程度变量的系数为负值，也就是组织协同治理的满意度与受访人的文化程度成反比，因此基层政府和村集体在实施组织协同维度下乡村治理有关政策时应保证政策实施效果，要以高质量的要求落实具体每一项组织协同维度下乡村治理有关政策，进而提升农村居民的政策满意度。三是受访人对村财务收支了解情况的回归系数为正值，表明人们对于村子的财务状况越了解，对组织协同维度下乡村治理满意度评价也会越高，因此未来政府应更注重财务制度的公开以及放开纪检监督职能。四是村内可支配收入的回归系数为正值，说明村民的经济收入提高，村民对于治理工作的认可度也会提高，因此提升村经济集体收益及村民个人的收益仍是当前乡村振兴的工作重点。五是乡村试点工作的回归系数为负值，表明试点工作能够有效地增进村民对于治理工作的认可，进一步证明了当前乡村振兴试点工作方向的正确性。因此，未来村政府在落实组织协同治理时应更加注重执行过程的监督作用，同时进一步提升村民参与感，这也会利于村民对于政府实施组织协同维度下乡村治理有关政策的满意度评价的提升，从而推动乡村治理有效性水平提升。此外，从村庄的外部环境特征变量来分析，其中乡政府所在地、乡村治理试点工作这2个变量的系数为正，说明这2个变量对于受访人的组织协同维度下的乡村治理满意度有正向的显著影响。说明只有把政策解读清楚了，村民才更愿意参与进来，使组织协同维度下乡村治理有关政策真正落到实处，并起到改善村民生活和提高村民生活幸福感的目的。即验证了第一个基本研究假设：在乡村治理过程中组织协同能够发挥正向作用，有助于提升乡村治理有效性。

其次，乡村试点工作的回归系数为负值，表明试点工作能够有效地增进村民对于治理工作的认可，进一步证明了当前乡村振兴试点工作方向的正确性。乡村试点工作通常是在特定的乡村地区，针对一些创新性的政策、项目或发展模式进行先行先试。通过试点工作，可以在相对较小的范围内对新的理念、方法和措施进行实践检验，及时发现问题并进行调整和完善，为后续在更大范围内推广应用提供经验借鉴和实践依据。在乡村试点工作过程中，政府通常会加大对试点地区的资源投入和政策支持力度，包括资金、技术、人才等方面的支持。这些资源和政策的倾斜，使试点地区能够在较短的时间内取得明显的发展成效。例如，一些试点乡村通过发展特色产业，实现了产业兴旺，农民收入大幅增加；通过加强基础设施建设和公共服务供给，改善了农村的生产生活条件，提升了村民的生活质量；通过开展乡村治理创新实践，建立健全了乡村治理体系，提高了乡村治理能力，促进了乡村社会的和谐稳定。这些实实在在的发展成果，让村民能够亲身感受到乡村治理带来的变化和好处，从而增强了村民对乡村治理工作的认可和支持。同时，试点工作的成功经验也为其他乡村提供了学习和借鉴的榜样，激发了更多乡村积极探索适合自身发展的道路和模式，推动了整个乡村振兴战略的实施。然而，乡村试点工作的回归系数为负值也暗示了一些问题。一方面，可能存在非试点地区与试点地区之间资源分配不均衡的情况。由于试点工作通常会得到更多的政策支持和资源投入，这可能导致非试点地区在发展过程中面临资源短缺、政策扶持不足等问题，从而影响非试点地区乡村治理工作的推进和发展成效，导致非试点地区村民对乡村治理工作的满意度相对较低。另一方面，也可能反映出在试点工作经验推广过程中存在一些障碍和问题。虽然试点工作取得了一定的成功经验，但这些经验在不同地区的适用性可能存在差异。如果在推广过程中，没有充分考虑到不同地区的自然条件、经济基础、社会文化等方面的差异，采取简单的"一刀切"式的推广方式，可能导致这些经验在其他地区无法有效落地实施，无法取得预期的发展成效，从而影响了村民对乡村治理工作的认可和支持。因此，为了充分发挥乡村试点工作的示范引领作用，提升全体村民对乡村治理工作的满意度，在未来的工作中，应注意以下几点：一是要合理优化资源分配，在加大对试点地区支持力度的同时，也要关注非试点地区的发展需求，确保资源在不同地区之间的合理配置和有效利用，避免出现资源分配过度失衡的情况。通过加强对非试点地区的政策扶持和资源投入，帮助非试点地区解决在发展过程中面临的实际困难和问题，促进非试点地区乡村治理工作的顺利推进和发展成效的提升，从而提高非试点地区村民对乡村治理工作的满意度。二是要加强对试点工作经验的总结和提炼，深入分析试点工作取得成功的关键因素和内在规律，结合不同地区的实际情况，制定具有针对性和可操作性的经验推广方案。在推广过程中，要充分尊重不同地区的差异，采取因地制宜、分类指导的方式，帮助其他地区根据自身的特点和需求，合理借鉴试点工作的成功经验，探索适合本地区的乡村治理模式和发展路径。同时，要加强对经验推广过程的跟踪指导和监督检查，及时发现和解决推广过程中出现的问题，确保试点工作经验能够在其他地区有效落地实施，取得预期的发展成效，从而增强村民对乡村治理工作的认可和支持，提升全体村民对乡村治理工作的满意度。

通过边际效应分析可知，政府部门活动、强村公司、村民自组织、县乡关注程度等纵向联系，以及决议过程和公共服务平台等横向联系，共同影响着村民的满意度。当组织协同越深入、横向联系越多时，村民的实际感受会越好。具体表现为"非常不满意""不太满意""一般"的概率呈下降趋势，"比较满意""非常满意"的概率呈上升趋势。这是因为更深入的组织协同和更多的横向联系，意味着各主体之间的合作更加紧密、协调更加顺畅、信息沟通更加及时准确。例如，在乡村产业发展过程中，政府部门通过制定产业政策、提供资金支持等方式，引导和支持强村公司和村民自组织发展特色产业。强村公司利用自身的市场运营能力和资源整合优势，负责产业项目的策划、实施和市场推广。村民自组织则发挥凝聚村民力量、反映村民诉求的作用，组织村民参与产业发展的各个环节，如农产品种植、加工、销售等。在这个过程中，如果各主体之间能够实现深入的组织协同和良好的横向联系，就可以避免出现各自为政、重复建设、资源浪费等问题，实现产业发展的高效协同和资源的优化配置。同时，通过加强横向联系，如建立健全决议过程的民主参与机制和公共服务平台的资源共享机制等，可以让村民更加充分地参与到乡村治理的决策过程中，表达自己的意见和建议，同时也能够更加便捷地享受到公共服务资源，满足自己的生产生活需求。这些都能够让村民切实感受到乡村治理的成效和变化，从而提升村民对乡村治理的满意度和认同感。即假设 1a 以及假设 1b 的结果也得到了验证。

最后，为保证上述实证结果的可靠性，本章还采用调整估计方法、替换关键指标、改变实证样本等一系列方法展开稳健性检验，目的在于充分论证上述观点。

第 6 章

新质生产力赋能公司化运作提升乡村社区治理

乡村社区治理作为实现乡村振兴战略的重要基石,其重要性不言而喻。在当今时代,传统乡村治理模式由于管理理念滞后、资源整合能力不足等问题,面临着诸多严峻挑战。比如,基础设施建设推进缓慢、公共服务供给难以满足村民需求等。在这样的背景下,引入新质生产力并采用公司化运作模式,无疑为破解乡村治理难题、提升治理有效性开辟了一条创新路径。

新质生产力具有高科技、高效能、高质量的显著特性。以高科技为例,大数据技术可以精准分析乡村的人口结构、产业需求等信息,为乡村规划提供有力依据;高效能则体现在新质生产力能够大幅缩短生产周期,提高生产效率;高质量意味着产出的产品和服务品质上乘,更具市场竞争力。而公司化运作模式具备专业管理、市场导向和资源整合的优势。专业的管理团队能够运用先进的管理理念和方法,优化乡村治理流程;市场导向使乡村发展紧密贴合市场需求,避免资源浪费;强大的资源整合能力能够将分散的人力、物力、财力等资源有效聚集,实现效益最大化。二者相结合,能够极大地激发乡村发展活力。通过引入新的技术和管理模式,为乡村产业注入新的生机,吸引年轻人回乡创业,解决乡村人口老龄化和空心化问题。在资源配置方面，能精准地将资源投入最需要的领域，避免资源错配。并且，能够满足乡村多元主体的需求，无论是村民对美好生活的向往，还是企业对投资环境的要求。从长远来看，这推动着乡村社区治理朝着现代化、精细化、可持续的方向大步迈进，为乡村振兴奠定坚实基础。

6.1 研究设计

6.1.1 关于公司化运作与乡村治理

中国的乡村经历了从温饱型生存需求向小康型发展和共富型发展需求的演变，"乡村振兴"改变的已不仅是乡村的人居环境，而且还触及了乡村发展的方方面面，深刻地改变了乡村的发展理念、产业结构、公共服务、治理方式以及城乡关系。因此在乡村建设中既要坚持政府主导，又要重视引入市场力量。大力实施乡村建设行动，资金需求量很大，单纯依靠政府的力量是不够的。一是在加大政府对乡村建设投入的同时，创新乡村建设思路，发挥政府财政金融政策"四两拨千斤"的杠杆作用，引入市场机制、建构利益机制，吸引企业、社会、村集体和村民多元主体共同投资和参与乡村建设；二是乡村建设既要实现有效供给，又要实现有效管护。实践中，乡村公共基础设施建设滞后于发展需要，不仅与供给乏力有关，而且与这些项目设施的营运与管护不力有关。因此，必须解决好政府、企业、集体、农民等主体谁来营运与管护乡村公共性基础设施的问题，在乡村公共基础设施营运管护中导入市场机制。市场机制是最能体现激励约束相容的制度，不仅在非公共性领域，而且在公共性领域，通过一定的制度设计，也能发挥高效作用。

浙江在"千万工程"建设中，积极引入市场机制，赋予相关主体（农民、企业）生态资源利用和公共设施建设（或管护）的使用权与经营权，不断丰富乡村人居环境内涵，提高人居环境水平，激活人居环境市场，将乡村公共产品转化为市场产品，促进"绿水青山"向"金山银山"的转化，同时转变相关主体的公共行为。这一系列安排不仅促进了乡村各类休闲产业、高效生态农业的发展、城乡要素的互通和融合发展，而且也实现了乡村自然生态环境、人居环境设施保护与绿色经济发展、公共服务提质的相互促进。傅德荣（2019）认为，国企参与乡村振兴战略，需要全方位加强相关机制创新，为国企参与乡村可持续发展创造良好的市场、政策环境。方志权（2020）总结上海企业在乡村振兴中的四种类型，并认为需要完善政企对接机制，加强政策落地扶持，完善管理和服务机制。林鹭鸣（2020）认为，企业可以通过发挥其专业优势，从品牌管理输出等多领域助力乡村振兴。余梅生、徐高福（2019）认为要通过农旅融合、帮扶增收、招商引资等路径，实现企业助力乡村振兴。李娟、邓苗（2020）总结出企业在推动精准扶贫工作中的创新做法，提出以产业发展为带动实现精准扶贫与乡村振兴协同推进的有效路径。吴昌泽（2019）指出企业在乡村振兴中的有效实践路径为党建帮扶、资本支持、产业带动、公共服务。严海蓉（2018）研究中信集团在乡村振兴实践中产融结合的发展模式，同时关注国企在国企改革中的作用。陈竞阳、王珏（2018）以武汉农业集团为例，认为应以其为主体，推进全市涉农国企战略性重组，加强对外合作。单永红（2018）以响水县为案例，研究其通过多种途径筹集资本金并分配到村居，村居再通过资本金入股县属国企收益较高项目，形成长期稳定的收益分红，整体解决经济薄弱村脱贫问题。刘俊杰、费盛忠（2019）以江宁区为案例，探究其充分发挥国企基建资源和专业平台优势，创新构建"政府统筹、国企主导、多元参与、农民主体"的建设模式。

6.1.2 关于乡村公司化运作的模式

乡村公司化运作,是推进农民农村共同富裕的新尝试。它是以市场经济的方式,通过对乡村有形和无形资产、内部和外部资源要素进行有效整合、重组、配置的一种经营乡村的理念和手段,以实现乡村的增值和发展,其核心是运营,对象是乡村。在浙江,乡村公司化经营这一发展村集体经济促进共同富裕的新路子正悄然兴起,一二三产业深度融合。它通过培育或引入新型农村经营主体,对村庄的人、财、物、地、技、产、景、文等"三农"资源统筹规划、配置、组合、营销,将村庄品牌化,促进乡村产业新业态、新模式发展,提升农村价值、农业效益和农民收入。2020年,"强村公司"正式被写入浙江省委、省政府文件。截至2022年年底,浙江省已成立2278家强村公司,其基本模式主要有5种:村集体自主经营管理、村集体委托管理、村集体外包经营管理、乡镇(街道)代管、合作方负责管理。这些不同形式的强村公司由此带来了多元化的经营主体,他们有的是设计师,有的来自高校、媒体、律师行业,也有在外创业成功的返乡"乡贤",更有慕名而来的大学毕业青年。公司化运作不仅带来了团队、资本、信息,也带来了各种畅想:用文创、休闲、旅游、养生、运动、亲子等,给乡村发展注入新的力量。

公司化经营使利润最大化、人员效率化、经营手段多样化。王林(2006)指出传统农业向现代农业转变,基本和首要条件是经营模式的先行变革。赵家如(2014)认为可以选择若干集体经济组织开展公司化试点,逐步取消乡村股份经济合作组织,使集体经济组织成为企业。朱素荣(2009)认为分散的家庭经营已不能适应市场体系下的经营环境,必须依靠企业化经营来改变这一现状。马晓红(2014)指出,对于农村集体经济制度而言,在实施的过程中可以借鉴企业制度,同时不能够和社会主义市场经济原则产生冲突，村民可以通过投资入股的形式参与其中。并且充分协调好企业、集体以及农民之间的利益关系，促进集体经济的可持续发展。

6.1.3 关于资本下乡的研究

考虑到企业参与乡村振兴乡村治理，其重要因素是"资本"。因此，笔者在研究相关文献时，将综述范围的搜集扩大至"资本下乡"的研究，以此作为补充。在资本下乡的渠道模式方面，曾博（2018）研究工商资本下乡合作模式。李云新、吕明煜等（2019）研究资本下乡对农户生计的影响。葛宣冲（2020）探索"美丽资本"与"资本下乡"的共建模式。黄惠春、管宁宁等（2020）认为适宜的合作模式是推进工商资本下乡可持续的关键，并基于利益主体视角，分析不同合作模式。李家祥（2020）认为，资本下乡中要形成相应体制机制，正确处理和把握好企业、政府和农民之间的关系。申明锐（2020）重点分析中国大都市近郊乡村振兴中的"政府项目植入＋企业托管收益"模式，并提出一套可变现的"商业模式"：既能够充分对接城市市场，又能够让原村民作为用益物权的所有人实现利益共享；既要合理地利用好市场主体的专业化力量，又要有效地避免其寻租行为。在资本下乡面临的困境及对策方面，魏文彪（2018）认为，资本下乡会带来资本"跑路"等负面案例，必须设立政策防火墙，规范土地流转程序，完善利益联结机制。何云庵、阳斌（2018）认为下乡资本在与流转农地结合过程中面临其对农地"非农化"改变、盈利空间有限等问题，为此，企业应积极打造具有盈利空间的产业项目；农民应提升新时代职业农民综合素质并合理调整土地收益预期；国家应加强供给侧结构性改革，构建新型农业社会化服务体系。陈义媛（2019）认为资本下乡会遭遇来自村庄社会的抵抗，而企业将家庭农场吸纳进产业链，可利用其所赋予的社会资源解决劳动雇佣、监督以及村庄公共资源的使用问题。徐田华（2019）分析资本下乡面临的困境，并提出要培育市场主体，营造良好市场环境；规范地方政府行为，构建长效机制等。周振（2020）指出资本下乡后却出现"跑路烂尾"的问题，他基于要素配置视角，提出要围绕工商资本的要素需求结构增强农村要素市场改革的系统性、协同性与配套性；优先支持工商资本进入对农民增收致富带动作用较强的农村产业融合等领域。

综上所述，本书提出的第2个基本研究假设是：在乡村治理过程中公司化运作能够发挥正向作用，有助于提升乡村治理有效性。它也有3个子假设，分别是：假设6-2a：政府部门权力下放公司程度越高，越有助于提升乡村社区治理有效性；假设6-2b：政府部门资源下放公司程度越高，越有助于提升乡村社区治理有效性；假设6-2c：政府部门服务下放公司程度越高，越有助于提升乡村社区治理有效性。

6.2 模型构建及变量描述

6.2.1 模型构建

在前人文献以及相关研究中，公司化运营在推动乡村治理过程中也是能够发挥积极作用，但是对于公司化运营过程中乡村地区村民的实际评价还不得而知，也需要通过实际调查研究分析才能得出切实结论。在乡村治理过程中，公司运营所涵盖的内容范围更为广阔，所能带来的实际效果需要根据村民实际感受得出，这种实际感受是需要与村民交流才能得到相对真实有价值的结论。根据问卷调查第三部分，我们所研究的公司化运营涉及选派干部处置所在村集体的矛盾问题满意度、所在村集体提供的公共服务与公共产品满意度、如何看待将村集体领导者纳入纪检监察体系、其丰富程度比组织协同更多更大。因此,针对公司运营的模型构建还需要关注一下这些变量的实际情况,确保分析结论不出现偏差。具体来看,其中选派干部处理矛盾问题的能力,这是直接面对村民群众的行为,所取得的效果或者给村民群众的感受是最为直接的,工作做得好与坏从这件事情上可以直接表现出来。再比如,公司集中管理、经营村民土地这个问题,土地是农民的根本,土地问题一直以来都是村民群众关心关注的热点,如果在这一点上能够得到带来明显收益,村民群众的直观感受将明显提升,那么在他们对于乡村治理的效果感受上也会得到反映,这些问题的设置都是为了确保模型验证结果更加真实可靠,能够反映出乡村地区治理水平的真实情况。

显然,本章所使用的关键被解释变量属于个人的主观感受,其取值是典型的排序数据,本章采用国内外文献中广泛使用的有序 Probit 模型、最小二乘法 OLS 模型及有序的 Logit 模型来分别进行回归分析。本章设定的基本模型如下:

$$U_i(x) = x_i - \alpha_i \frac{1}{n-1} \sum_{j \neq i} \max\{x_j - x_i, 0\} - \beta_i \sum_{j \neq i} \max\{x_i - x_j, 0\},$$

即在乡村治理过程中,公司化运作的提升能够提升其治理有效性。通过分析村民对于公司化运作下乡村治理的效果真实评价来进行基本判断,也就是说真实评价水平越高表示该地区乡村治理的效果越好。

假设村民对公司化运作维度下乡村治理有效性的满意度是与村民受公司化运作有关政策影响的效用水平存在正向影响。其中,n 为村民人数;U 为效用水平;x 为村民收益;α 为村民嫉妒心理参数;β 为村民同情心理参数,且 α 与 β 的取值在 (0,1)。此外,上述内容还将村民在这其中产生的不公平感受程度考虑了进去,简单而言就是充分考虑了"不患寡而患不均"的心态。也就是说当 i 的收益小于 j 的收益,i 会有明显的不均衡心态,这其中的公平心理效用损失为 $\alpha(x_i - x_j)$,主要原因就是"不患寡而患不均"的心态;而当 i 的收益大于 j 的收益时,村民 i 产生的心理效用损失则为 $\beta(x_i - x_j)$,这部分的心理效用损失则主要来自村民的同情心理。在"理性人假设"的前提下,村民个人在面对集体所带来的利益分配问题上仍然是以保护自身利益为基本行为准则。

因此,这一模型结果也反映出村民在参与公司化运作维度下的乡村治理的实施过程中,村民的感知情况能够对村民的效用情况产生制约,对乡村治理有效性产生影响,而实现村民效用最大化能够验证本章的两个基本研究假设。

6.2.2 变量描述

被解释变量:受访人对于公司化运作维度下乡村治理有关政策的总体感受。本章分析公司化运作维度下乡村治理有效性的被解释变量仍然聚焦在村民实际感受上,因此,在问卷调查过程中,针对这种综合评价单独设置了一个问题"您对上述第三部分内容(公司化运作部分)的整体满意度评价如何"。受访人会按照五分法(满意程度的五种分类)选出自己的答案,依次可以用 1~5 得分来体现。

解释变量:一是第三方公司、职业经理人开展工作情况的满意度,主要是对公司化运营治理的有效性考察;二是农村三资(资金、资产、资源)利用程度,主要考察公司化运营的广度及深度;三是政府纪检监察到位情况及村民对分红满意度情况,主要考察第三方运营的财务状况。受访人一样会按照五分法(满意程度的五种分类)选出自己的答案,依次可以用 1~5 得分来体现。

控制变量:基于外部因素考虑,选择个人基本情况的性别、年龄、文化教育程度、对村集体财务收支了解程度、年均个人可支配收入,以及受访人所在村是否为乡政府所在地、所在村是否为乡村治理试点村落。上述控制变量中,受访人对于该问题的回答分别有现实指标的回答(根据实际情况取值),是与否(赋值为 0 和 1),或如上所述也采用五分法衡量。具体见表 6.1。

表 6.1　　　　　　　公司化运营维度下指标定义

维度	变量	指标
被解释变量	公司化运作整体满意度	根据受访人回答问卷第三部分的第 11 题 非常不满意 = 1,不太满意 = 2,一般 = 3,比较满意 = 4,非常满意 = 5
解释变量	聘用第三方公司	是 = 1,否 = 0
	资产统一运营	非常不愿意 = 1,不太愿意 = 2,一般 = 3,比较意愿 = 4,非常愿意 = 5
	对"集体三资"的了解程度	非常不了解 = 1,不太了解 = 2,一般 = 3,比较了解 = 4,非常了解 = 5
	将"集体三资"交由企业经营	非常不愿意 = 1,不太愿意 = 2,一般 = 3,比较意愿 = 4,非常愿意 = 5
	村集体与企业合作的状态	非常不了解 = 1,不太了解 = 2,一般 = 3,比较了解 = 4,非常了解 = 5
	村集体的分红	非常不满意 = 1,不太满意 = 2,一般 = 3,比较满意 = 4,非常满意 = 5
	纪检督察岗位	非常不赞同 = 1,不太赞同 = 2,一般 = 3,比较赞同 = 4,非常赞同 = 5
	职业经理人	非常不满意 = 1,不太满意 = 2,一般 = 3,比较满意 = 4,非常满意 = 5
控制变量	性别	男 = 1,女 = 2
	年龄	受访人的周岁年龄
	文化教育程度	文盲 = 1,小学 = 2,初中 = 3,高中 = 4,大专及以上 = 5
	对村集体财务了解程度	非常不了解 = 1,不太了解 = 2,一般 = 3,比较了解 = 4,非常了解 = 5

续表

维度	变量	指标
控制变量	可支配收入	年均个人可支配收入实际值：40000 以下 = 1；40000～60000 = 2；60000 以上 = 3
	乡政府所在地	受访人所在村是否为乡政府所在地：是 = 1，否 = 0
	乡村治理试点工作	是否为乡村治理试点村庄：不是 = 1，正在准备 = 2，是，刚获审批通过 = 3，已通过验收 = 4

6.3 估计结果及分析

6.3.1 描述统计

具体来看，被解释变量组织系统整体满意度的平均分达到 3.4 分，即村民对于公司化运作乡村的状况是满意的。对于个人资产、村集体资产、与企业合作状态、分红满意度、纪检监督满意度、职业经理人满意度、公共产品和服务这几个关键解释变量的平均值分别为 3.8、3.9、3.2、3.9、4.2、3.0、3.8，说明大部分村民是认可公司化运营乡村这一模式的。但是相对来说，村集体和公司的合作状态以及职业经理人的满意度较低，说明村民对于乡村运营公司的了解程度并不深入，相比单纯的职业经理人，村民的信任度更低，与职业经理人之间需要更多的磨合。见表 6.2。

表 6.2　公司化运作维度下的现状描述统计

变量	Min	Max	Mean
公司化运作整体满意度	2	5	3.418
是否聘用第三方公司	0	1	—
将个人资产统一运营	2	5	3.8
对"集体三资"的了解程度	1	5	3.6

续表

变量	Min	Max	Mean
将"集体三资"交由企业经营	1	5	3.89
村集体与企业合作的状态	1	5	3.21
村集体的分红满意度	1	5	3.89
纪检督察岗位	3	5	4.2
职业经理人	1	5	3.02
公共产品和服务	2	5	3.79
性别	1	2	—
年龄	15	86	—
文化教育程度	1	5	—
对村集体财务了解程度	1	5	3.690
可支配收入	1	3	—
乡政府所在地	0	1	—
乡村治理试点工作	1	4	2.928

为了进一步查验各控制变量对解释变量的影响，本章采用方差分析进行验证。如表 6.3～表 6.6 所示。

表6.3　不同性别在被解释和解释变量上的差异

项目	性别	N	均值	显著性
整体满意度	男	538	3.37	0.007
	女	231	3.32	
个人资产统一运营	男	538	3.72	0.031
	女	231	3.94	
集体资产统一运营	男	538	3.41	0.023
	女	231	3.52	
村集体与企业合作状态	男	538	3.67	0.000
	女	231	3.80	
村集体分红	男	538	3.58	0.037
	女	231	3.43	

续表

项目	性别	N	均值	显著性
纪检岗位监督	男	538	3.27	0.011
	女	231	3.12	
职业经理人	男	538	3.32	0.023
	女	231	3.17	
公共产品和服务	男	538	3.65	0.032
	女	231	3.46	

表6.4　不同年龄在被解释和解释变量上的差异

项目	年龄	N	均值	显著性
整体满意度	30岁以下	62	4.02	0.147
	30~40岁	114	3.33	
	40~50岁	343	2.81	
	50~60岁	202	3.22	
	60岁以上	48	3.81	
个人资产统一运营	30岁以下	62	4.05	0.404
	30~40岁	114	3.81	
	40~50岁	343	3.79	
	50~60岁	202	3.85	
	60岁以上	48	3.64	
集体资产统一运营	30岁以下	62	3.35	0.081
	30~40岁	114	3.48	
	40~50岁	343	3.37	
	50~60岁	202	3.42	
	60岁以上	48	3.64	
村集体与企业合作状态	30岁以下	62	4.046	0.243
	30~40岁	114	3.86	
	40~50岁	343	3.53	
	50~60岁	202	3.516	
	60岁以上	48	3.23	

续表

项目	年龄	N	均值	显著性
村集体分红纪检岗位监督	30岁以下	62	3.45	0.117
	30~40岁	114	3.53	
	40~50岁	343	3.63	
	50~60岁	202	3.45	
	60岁以上	48	3.23	
职业经理人	30岁以下	62	3.85	0.164
	30~40岁	114	3.82	
	40~50岁	343	3.87	
	50~60岁	202	3.62	
	60岁以上	48	3.34	
公共产品和服务	30岁以下	62	3.87	0.087
	30~40岁	114	3.76	
	40~50岁	343	3.68	
	50~60岁	202	3.75	
	60岁以上	48	3.97	

表6.5 不同文化教育程度在被解释和解释变量上的差异

项目	受教育程度	N	均值	显著性
整体满意度	文盲	19	3.89	0.007
	小学	192	3.64	
	初中	351	3.82	
	高中	125	3.53	
	大专及以上	82	3.52	
个人资产统一运营	文盲	19	3.62	0.014
	小学	192	3.76	
	初中	351	3.26	
	高中	125	3.37	
	大专及以上	82	3.65	

续表

项目	受教育程度	N	均值	显著性
集体资产统一运营	文盲	19	3.36	0.031
	小学	192	3.25	
	初中	351	3.67	
	高中	125	3.23	
	大专及以上	82	3.65	
村集体与企业合作状态	文盲	19	3.87	0.045
	小学	192	3.27	
	初中	351	3.56	
	高中	125	3.54	
	大专及以上	82	3.46	
村集体分红纪检岗位监督	文盲	19	3.76	0.021
	小学	192	3.75	
	初中	351	3.56	
	高中	125	3.56	
	大专及以上	82	3.27	
职业经理人	文盲	19	3.76	0.038
	小学	192	3.38	
	初中	351	3.54	
	高中	125	3.27	
	大专及以上	82	3.76	
公共产品和服务	文盲	19	3.33	0.002
	小学	192	3.87	
	初中	351	3.67	
	高中	125	3.46	
	大专及以上	82	3.47	

表6.6 乡村治理试点村落在被解释和解释变量上的差异

项目	性别	N	均值	显著性
整体满意度	已通过	233	3.87	0.003
	已申报	324	3.72	
	准备申报	160	3.68	
	没有	52	3.53	
个人资产统一运营	已通过	233	3.72	0.028
	已申报	324	3.94	
	准备申报	160	3.36	
	没有	52	3.43	
集体资产统一运营	已通过	233	3.91	0.044
	已申报	324	3.72	
	准备申报	160	3.64	
	没有	52	3.23	
村集体与企业合作状态	已通过	233	3.67	0.020
	已申报	324	3.80	
	准备申报	160	3.74	
	没有	52	3.34	
村集体分红	已通过	233	3.63	0.039
	已申报	324	3.65	
	准备申报	160	3.47	
	没有	52	3.41	
纪检岗位监督	已通过	233	3.89	0.032
	已申报	324	3.87	
	准备申报	160	3.67	
	没有	52	3.62	
职业经理人	已通过	233	3.98	0.004
	已申报	324	3.78	
	准备申报	160	3.63	
	没有	52	3.36	

续表

项目	性别	N	均值	显著性
公共产品和服务	已通过	233	3.87	0.039
	已申报	324	3.67	
	准备申报	160	3.62	
	没有	52	3.27	

从表6.3~表6.6可以看出，性别不同、受教育程度不同、乡村治理试点村落的被调查者对被解释变量整体满意度和七个维度的解释变量显著性影响均小于0.05，通过了显著性的检验。所以说在公司化运营维度上个人基本特征对治理满意度评价会产生显著性影响。而年龄不同的被调查者对被解释变量整体满意度和六个维度的解释变量显著性影响都大于0.05，没有通过显著性的检验。因此，年龄对这些指标没有显著影响。

6.3.2 回归结果讨论

根据表6.7的回归结果显示了公司化运作维度下各解释变量对治理满意度的基准回归结果。为了查看关键解释变量回归结果的稳健性，第（1）列仅控制了解释变量和被解释变量。从第（2）列、第（3）列、第（4）列在加入解释变量后，依次逐步引入受访者的人口统计学特征、财务状况特征以及村庄特征这些控制变量。第（1）列回归结果表明，在不控制其他控制变量的情况下，治理满意度的回归系数为正且在1%的显著性水平上显著，初步显示各个解释变量与治理满意度之间存在正向联系。第（2）列在回归方程中加入人口统计学特征，解释变量对被解释变量的回归系数依然在1%的显著性水平上显著为正。类似地，第（3）列又在回归方程中补充加入了财务状况特征，其回归系数依然在1%的水平上正向显著。最后，第（4）列进一步增加了村庄特征这一变量后，发现回归系数依然为正，并且在1%的水平上显著。以第（4）列为例，职业经理人、村集体资产对公司化运作治理维度下的乡村治理有效性的影响最大，系数分别为0.346、0.345，且在1%的水平上显著；与企业合作状态、公共产品提供对公司化运作治理维度下乡村治理有效性的正向影响次之，系数分别为0.234、0.234，其在1%的水平上显著正相关。村集体分红、纪检监督、个人资产对公司化运作治理维度下乡村治理有关政策的正向影响依次减弱，同样以第（4）列为例，其中村集体分红系数为0.192，纪检监督系数为0.128，个人资产系数为0.124。上述7项解释变量在公司化运作维度下均能够产生积极影响，虽然影响程度有大小差别，但是在推动乡村治理过程中的正面作用都得到了验证。

表6.7同时还解释了控制变量中的受访人性别，文化教育程度，对村财务收支的了解程度、村内可支配收入和乡村治理试点村落对于受访人对组织协同维度下的乡村治理的效果满意度评价显著性相关。一是从性别上看，变量系数为负数，说明男性对于公司化运作维度下的乡村治理满意度评价要高于女性的评价。从访谈中可以发现，男性村民普遍具有更高的冒险性，更愿意将资产投入第三方公司来运营，因此男性的治理满意度普遍更高。二是受访人的文化教育程度变量的系数为正值，也就是公司化运作治理的满意度与受访人的文化程度成正比，说明随着人们接受的文化教育越高，对公司化治理的认知越具体，也就越清楚公司化运用带来的收益可观，因此更愿意接受第三方公司来运营村庄，那么对于治理的满意度就会有所上升。三是受访人对村财务收支了解情况的回归系数为正值，表明人们对于村子的财务状况越了解，对公司化运作维度下乡村治理满意度评价也会越高，因为村民越是了解公司的经营情况，越能理解公司在运营过程中的相关政策执行，满意度因此也就越高。四是村民村内收入的回归系数为正值，村民通过公司化运作所获得的村内收入越高，对于公司化运作的治理绩效也就越满意。五是乡村治理试点村落的回归系数为负值，表明试点工作能够有效地增进村民对于治理工作的认可。因此，未来村政府在招

商第三方公司运营村庄治理时应更加注重财务公开程度,同时进一步提升村民参与感,这也会利于村民对于公司化运作治理维度下乡村治理满意度评价的提升,从而推动乡村治理有效性水平提升。

表6.7　　　　　公司化运作维度下的基准回归结果

	(1)	(2)	(3)	(4)
	被解释变量：治理满意度			
个人资产	0.145***	0.152***	0.134***	0.124***
集体资产	0.347***	0.263***	0.324**	0.345***
村集体与企业合作状态	0.432***	0.234***	0.345***	0.234***
村集体分红	0.167***	0.152***	0.201***	0.192***
纪检监督	0.164***	0.139***	0.138***	0.128***
职业经理人	0.472***	0.538***	0.439***	0.346***
公共产品和服务	0.362***	0.387***	0.432***	0.234***
性别		-0.080***	-0.090***	-0.091***
年龄		0.029	0.028	0.028
文化教育程度		0.035***	0.036***	0.035***
对村集体财务了解程度			0.277***	0.273***
可支配收入			0.097***	0.101***
乡政府所在地				0.235***
乡村治理试点				0.028***
似然	-273.36	-266.34	-265.32	-246.98
P > chi^2	0.034	0.036	0.036	0.037
PR^2	0.042	0.043	0.042	0.042

此外,从村庄的外部环境特征变量来分析,其中乡政府所在地、乡村治理试点工作这2个变量的系数为正,说明这2个变量对于受访人的公司化运作维度下的乡村治理满意度有正向的显著影响。具体来看,受访人所在村如果是乡镇政府所在地,公司化治理的程度越深,村民对于公司化治理的接受度也越高,相应的对于治理的满意度也就越高。

6.3.3 边际效应分析

考虑到本章基准回归中量化的村民治理满意度为排序数据，即将其依次划分为了五个等级，那么，各个解释变量对村民治理满意度感受的各个等级产生什么样的边际影响？拥有多元协同治理的广度与深度、公司化运作的权利、资源、服务的下放程度又会在村民对治理满意度感受中发挥着什么样的作用？

上一节基准模型验证采用的是有序 Probit 模型进行估计，但该模型的估计系数含义并不直观，只能从显著性水平以及系数符号方面给出有限的信息。因此，为了更深入地了解各解释变量及控制变量对治理满意度的具体影响，本小节继续进行边际效应分析。参考（连玉君等，2014）的做法，我们将表6.7的结果转化计算出边际影响。同样可以证明各解释变量及控制变量对于被解释变量均有显著性影响。

公司化运作的权利、资源、服务的下放程度越大，村民的实际感受也会越好，即"非常不满意""不太满意""一般"的概率呈下降趋势，"比较满意""非常满意"的概率呈上升趋势。其中：个人资产运作的非常不满意程度下降了1.8%，不太满意程度下降了1.1%，一般程度下降了3.1%，而比较满意和非常满意分别上升了3.9%和1.9%，合计为0；集体资产的非常不满意程度下降了2.8%，不太满意程度下降了1.8%，一般程度下降了3.6%，而比较满意程度上升了4.3%，非常满意程度上升了5.3%；村集体与企业合作状态的非常不满意程度下降了1.8%，不太满意程度下降了2.2%，一般程度下降了3.1%，而比较满意程度上升了3.4%，非常满意程度上升3.7%；村集体分红的非常不满意程度下降了1.6%，不太满意程度下降了2.2%，一般程度下降了4.5%，而比较满意和非常满意分别上升了4.2%和4.1%；纪检监督的非常不满意程度下降了1.9%，不太满意程度下降了1.3%，一般程度下降了2.7%，而比较满意程度上升了2.8%，非常满意程度上升了3.1%。职业经理人的非常不满意程度下降了1.7%，不太满意程度下降了2.5%，一般程度下降了3.8%，而比较满意程度上升了3.2%，非常满意程度上升4.8%；公共产品和服务的非常不满意程度下降了2.3%，不太满意程度下降了2.7%，一般程度下降了3.8%，而比较满意程度上升了4.0%，非常满意程度上升了4.8%。具体数据见表6.8。

表6.8　公司化运作维度乡村治理有关政策对受访人政策满意度影响的边际效益

公司化运作	非常不满意	不太满意	一般	比较满意	非常满意
个人资产	-0.016***	-0.011***	-0.031***	0.039***	0.019***
集体资产	-0.28***	-0.018***	-0.036***	0.043***	0.039***
村集体与企业合作状态	-0.018***	-0.022***	-0.031***	0.034***	0.037***
村集体分红	-0.016***	-0.028***	-0.045***	0.042***	0.041***
纪检监督	-0.019***	-0.013***	-0.027***	0.028***	0.031***
职业经理人	-0.017***	-0.025***	-0.038***	0.032***	0.048**
公共产品和服务	-0.023***	-0.027***	-0.038***	0.040***	0.048***

注：***、**、*分别表示在1%、5%和10%的水平上显著。

因此，可以发现加强公司化运作的权利、资源、服务的下放程度不仅有利于降低受访人对各项措施的负面评价，还能够有效提升受访人对公司化运作维度下乡村治理满意度的正面积极评价。这也与表6.7和表6.8的结论保持一致，即公司化运作下相关运营程度越好，越有利于提升受访人的实际感受，从而推动乡村治理效果提升。

6.4　稳健性检验

为保证上述实证结果的可靠性，还需要进行稳健性检验。稳健性检验考察的是评价方法和指标解释能力的强弱,也就是当改变某些参数时,评价方法和指标是否仍然对评价结果保持一个比较一致、稳定的解释。通俗来讲就是改变某个特定的参数,进行重复实验,来观测实证结果是否随着参数设定的改变而发生变化,如果改变参数设定以后,结果发现符合和显著性发生了改变,说明不是稳健的,需要寻找问题的所在。本小节将采用调整估计方法、替换关键指标、改变实证样本等一系列方法展开稳健性检验,目的在于充分论证上述观点。

6.4.1 调整估计方法

和有序 Probit 模型相对应的是有序 Logit 模型(Ordered Logit Model),这两种估计方法仅存在比较细微的差别,前者的扰动项服从标准正态分布,而后者的扰动项则服从 Logistic 逻辑分布。因此,有序 Probit 模型相对应的是有序 Logit 模型通常都被用来估计被解释变量是排序数据的回归方程。与此同时,虽然村民满意度数据一个典型的排序数据,但是近年来也有很多本领域研究为了获取回归系数的经济学含义,采用经典的普通最小二乘法(Ordinary Least Squares,OLS)进行估计(何立新、潘春阳,2011;Jiang et al., 2012;Hu、Ye,2020)。为此,本章首先应用有序的 Probit 模型、有序 Logit 模型和 OLS 方法,重新估计村民满意度的影响。

根据表 6.9 的回归结果显示,上述 Probit、OLS、Logit 的结构均得出了公司化运作维度下乡村治理有关措施均在 1% 的显著性水平上正向影响着受访人的实际感受,同时受访人的特征中的性别负向影响受访人的实际感受,文化教育程度正向影响公司化运作维度下实际感受;各项经济指标均正向影响受访人的实际感受,而村落本身的外在条件则正向影响公司化运作维度下实际感受。虽然各方法算出的影响程度有大小差别,但是都在 1% 的显著性水平上显著及方向相同,因此可以验证上述结果的稳健性。

表6.9　　公司化运作维度下乡村治理有关政策与
　　　　　受访人实际感受的实证结果

公司化运作	Probit	OLS	Logit
个人资产	0.124***	0.192***	0.223***
集体资产	0.345***	0.230***	0.223***
村集体与企业合作状态	0.234***	0.113***	0.289***
村集体分红	0.192***	0.116***	0.204***
纪检监督	0.128***	0.223***	0.120***
职业经理人	0.346***	0.091***	0.121***
公共产品和服务	0.234***		
性别	-0.091***	-0.326**	-0.268**
年龄	0.028	-0.001	-0.002
文化教育程度	0.035***	0.134*	0.198**
财务了解程度	0.273***	0.423***	0.682***
可支配收入	0.101***	0.002	0.004
乡政府所在地	0.235***	0.020***	0.021***
乡村治理试点	0.028***	0.013***	0.025***
似然	-273.36	—	-284.72
P > chi^2	0.032	—	0
PR^2	0.042	—	0.048
R^2	—	0.278	—
调整后 R^2	—	0.236	—

6.4.2 替换关键指标

除了上述调整估计方法进行的稳健性检验外，本节继续通过替换关键指标的方式进行稳健性检验,尤其是对解释变量进行调整,将受访人对于公司治理维度下乡村治理有关政策开展分样本分析。基于受访人公司化运作维度下乡村治理有关政策的整体满意度评价,而由于公司化运作维度下乡村治理有关政策分类较广,在此本章对问卷中7个政策举措进行分类,按照权利、资源、服务下放三个政策类型进行重新评价分析。其中权利下放包括村集体与企业合作状态、公共产品和服务;资源下放包括个人资产、集体资产、村集体分红;服务下放包括纪检监督、职业经理人。

因此,我们对受访人对于不同类型公司化运作维度下乡村治理有关实际感受进行分组回归,从而检验公司化运作维度下乡村治理有关政策与受访人的满意度评价之间是否仍然存在显著的正向作用关系。此外,为了便于结果的比较,采取逐步加入控制变量的方式进行分步回归,结果如表6.10所示。不管是采用哪种模型都可以发现,对于权利下放、资源下放、服务下放的乡村治理有关政策满意度评价,受访人的实际感受都受到公司化运营维度下乡村治理政策执行情况的显著性正向作用。且实证分析结果与此前结果相同(系数上略有差异),均通过检验,结果可靠。

表6.10　不同类型公司化运作维度下乡村治理有关政策的稳健性检验

公司化运作	资源下放		权利下放		服务下放	
	模型1	模型2	模型1	模型2	模型1	模型2
个人资产	0.112**	0.234**				
集体资产	0.243***	0.268**				
村集体分红	0.236**	0.189**				
村集体与企业合作状态			0.208*	0.179**		
纪检监督			0.189**	0.276**		
公共产品和服务					0.341**	0.356**
职业经理人					0.342**	0.315**

续表

公司化运作	资源下放		权利下放		服务下放	
	模型1	模型2	模型1	模型2	模型1	模型2
个人特征变量	是	是	是	是	是	是
外部环境特征	否	是	否	是	否	是
atanhrho_12		0.123*		0.243**		0.254**
PR^2	0.048		0.048		0.048	

注：***、**、*分别表示在1%、5%和10%的水平上显著。

6.4.3 改变实证样本

通常人们会认为居民的收入高，对村政府的包容性更高，对乡村治理的政策及治理效果的感受也会更好，因此本节根据居民的收入状况，将问卷分为三类，开展稳健性检验。表6.11～表6.13分别显示了低收入、中等收入、高收入下的样本稳健性检验结果，可以看出，解释变量组织协同满意度的回归系数和公司化运作治理满意度的回归系数依旧为正，且都在1%的显著性水平上显著，这也强化说明了纵向协同和横向协同对村民满意度的正向促进作用是稳定存在的；权利、资源、服务下放的程度对于村民满意度的正向促进作用也是稳定存在的。

表6.11　高收入村民公司化运作维度下乡村治理有关政策的稳健性检验

公司化运作	资源下放		权利下放		服务下放	
	模型1	模型2	模型1	模型2	模型1	模型2
个人资产	0.276**	0.267**				
集体资产	0.327***	0.274**				
村集体分红	0.256**	0.321**				
村集体与企业合作状态			0.278*	0.208**		

续表

公司化运作	资源下放		权利下放		服务下放	
	模型1	模型2	模型1	模型2	模型1	模型2
纪检监督			0.321**	0.290**		
公共产品和服务					0.276**	0.308**
职业经理人					0.327**	0.254**
个人特征变量	是	是	是	是	是	是
外部环境特征	否	是	否	是	否	是
atanhrho_12		0.089*		0.203**		0.320**
PR^2	0.087		0.087		0.087	

注：***、**、* 分别表示在1%、5%和10%的水平上显著。

表6.12　中等收入村民公司化运作维度下乡村治理有关政策的稳健性检验

公司化运作	资源下放		权利下放		服务下放	
	模型1	模型2	模型1	模型2	模型1	模型2
个人资产	0.293**	0.268**				
集体资产	0.298***	0.267**				
村集体分红	0.203**	0.253**				
村集体与企业合作状态			0.159*	0.176**		
纪检监督			0.235**	0.265**		
公共产品和服务					0.289**	0.329**
职业经理人					0.256**	0.287**
个人特征变量	是	是	是	是	是	是
外部环境特征	否	是	否	是	否	是
atanhrho_12		0.123*		0.245**		0.267**
PR^2	0.085		0.085		0.085	

注：***、**、* 分别表示在1%、5%和10%的水平上显著。

表 6.13　低收入村民公司化运作维度下乡村治理有关政策的稳健性检验

公司化运作	资源下放		权利下放		服务下放	
	模型1	模型2	模型1	模型2	模型1	模型2
个人资产	0.276**	0.269**				
集体资产	0.328***	0.316**				
村集体分红	0.207**	0.197**				
村集体与企业合作状态			0.163*	0.187**		
纪检监督			0.218**	0.241**		
公共产品和服务					0.237**	0.263**
职业经理人					0.245**	0.235**
个人特征变量	是	是	是	是	是	是
外部环境特征	否	是	否	是	是	是
atanhrho_12		0.143*		0.218**		0.238*
PR^2	0.102		0.102		0.102	

注：***、**、*分别表示在1%、5%和10%的水平上显著。

6.5　结论分析

首先，从基准回归入手，根据公司化运作维度下的回归结果可得职业经理人、村集体资产对公司化运作治理维度下的乡村治理有效性的影响最大，系数分别为0.346、0.345，且在1%的水平上显著；与企业合作状态、公共产品提供对公司化运作治理维度下乡村治理有效性的正向影响次之，系数分别为0.234、0.234，其在1%的水平上显著正相关。村集体分红、纪检监督、个人资产对公司化运作治理维度下乡村治理有关政策的正向影响依次减弱，村集体分红系数为0.192，纪检监督系数为0.128，个人资产系数为0.124。上述7项解释变量在公司化运作维度下均能够产生积极影响，虽然影响程度有大小差别，但是在推动乡村治理过程中的正面作用都得到了验证。

同时，控制变量对于受访人对公司化运作维度下的乡村治理的效果满意度评价显著性相关。一是性别变量系数为负数，说明男性对于公司化运作维度下的乡村治理满意度评价要高于女性的评价，因此在乡村公司化运作维度下乡村治理有关政策实施过程中应加大对女性的关注程度。二是受访人的文化教育程度变量的系数为正值，也就是公司化运作的治理满意度与受访人的文化程度成正比，因此基层政府和村集体在实施乡村整体公司化运作维度下乡村治理有关政策时还应充分考虑村民的实际情况，尽量解释清楚相关政策，进而提升农村居民的政策满意度。三是受访人对村财务收支了解情况的回归系数为正值，表明人们对于村子的财务状况越了解，对公司化运作维度下乡村治理满意度评价也会越高，因此未来政府应更注重财务制度的公开以及放开纪检监督职能。四是村内可支配收入的回归系数为正值，说明村民的经济收入提高，村民对于治理工作的认可度也会提高，因此提升村经济集体收益及村民个人的收益仍是当前乡村振兴的工作重点。五是乡村试点工作的回归系数为负值，表明试点工作能够有效地增进村民对于治理工作的认可，进一步证明了当前乡村振兴试点工作方向的正确性。因此，未来村政府在招商第三方公司运营村庄治理时应更加注重财务公开程度，同时进一步提升村民参与感，这也会利于村民对于公司化运作治理维度下乡村治理满意度评价的提升，从而推动乡村治理有效性水平提升。

此外，从村庄的外部环境特征变量来分析，其中乡政府所在地、乡村治理试点工作这2个变量的系数为正，说明这2个变量对于受访人的公司化运作维度下的乡村治理满意度是有正向的显著影响。说明只有把政策解读清楚了，村民才更愿意参与进来，使公司化运作维度下乡村治理有关政策真正落到实处，并起到改善村民生活和提高村民生活幸福感的目的。

即验证了第二个基本研究假设:在乡村治理过程中乡村公司化运作能够发挥正向作用,有助于提升乡村治理有效性。

其次,基本回归系数值的大小只能说明正向或负向关系,其数值的大小并没有实际解释意义,因此本章进一步进行了边际效应分析。其中,个人资产、集体资产、村集体分红为资源下放;村集体与企业合作状态、公共产品和服务权利下放;纪检监督、职业经理人为服务下放,从边际效应系数可以发现加强公司化运作的权利、资源、服务的下放程度不仅有利于降低受访人对各项措施的负面评价,还能够有效提升受访人对组织协同维度下和公司化运作维度下乡村治理满意度的正面积极评价。公司化运作下相关运营程度越好,越有利于提升受访人的实际感受,从而推动乡村治理效果提升。即假设 2a、假设 2b 以及假设 2c 的结果也得到了验证。

最后,为保证上述实证结果的可靠性,本章还采用调整估计方法、替换关键指标、改变实证样本等一系列方法展开稳健性检验,目的在于充分论证上述观点。

总之,本章实证结果实际上构成了本章的基准内容,全景式展示了组织协同及乡村公司化运作维度下村民对于治理满意度的影响。显然,乡村振兴是发展的根本目的,提升村民经济收入的同时更可以增强村民的获得感、幸福感、安全感,彰显了以人民为中心的价值导向。然而,广阔的农村地区是中国发展的奠基石,是关乎中国式现代化的民生之要,关乎每一个中国人,因而厘清乡村治理各多元组体之间的内在关联显得十分关键。本章从组织协同及乡村公司化运作两个维度深入探讨了各项举措对村民主观感受的影响结果和细微差异,既达到了本章预设的研究目的,又为本书的后续研究奠定了坚实的基础。

第 7 章

新质生产力视角下的中国乡村社区治理问题及原因分析

7.1 新质生产力视角下的中国乡村社区治理问题

7.1.1 治理主体协同障碍

7.1.1.1 传统观念制约

在乡村社区治理体系中，村委会成员和诸多传统农业从业者长期处于相对封闭和传统的治理环境中，深受传统治理观念的禁锢。这种观念使他们对新质生产力，如大数据、人工智能、物联网等前沿技术在乡村社区治理中的巨大潜力和创新作用认识极为有限。从实证数据来看，在公司化运作维度下，尽管职业经理人对乡村治理有效性影响显著（系数为0.346），但由于传统观念作祟，这些关键治理主体对专业公司引入职业经理人的管理模式往往持观望或抵触态度。在组织协同层面，当面临社区发展规划制定、公共服务优化等事务时，他们更习惯依赖过往多年积累的传统经验，采用旧有的工作方式与手段。例如在土地资源分配决策上，依旧遵循世代相传的规则，而不考虑运用大数据分析土地的产出效率、市场需求导向等因素，来实现更科学合理的资源配置。这与县乡基层活动对组织协同维度下乡村治理有效性影响最大（系数为0.283）形成对比，表明传统治理方式在面对新的发展需求时，无法充分利用组织协同的优势。这种传统观念的制约，使专业公司在乡村开展业务时，难以获得这些关键治理主体的积极配合与支持，极大地阻碍了新质生产力在乡村社区的推广与应用，也限制了组织协同和公司化运作在提升乡村治理有效性方面的作用发挥。

7.1.1.2 沟通壁垒阻碍信息流通

政府、企业、社会组织等多元主体在乡村社区治理中，缺乏一个高效且统一的沟通平台，这在组织协同和公司化运作中成为了严重阻碍。以引入新质生产力相关项目，如农业科技示范园建设为例，在项目筹备与推进过程中，各方信息传递存在严重的不及时、不准确问题。实证数据显示，在公司化运作维度下，与企业合作状态对乡村治理有效性有正向影响（系数为0.234），但由于沟通不畅，政府部门制定的产业扶持政策、土地使用规划等重要信息，无法迅速且精准地传达给参与项目的企业和社会组织。这导致企业在项目投资决策、资源配置规划上出现偏差，社会组织在提供技术支持、人力资源协助等方面也无法及时跟进。同样，企业在项目实施过程中遇到的技术难题、资金缺口等情况，也不能有效地反馈给政府和社会组织。在组织协同维度下，政府部门活动的频繁程度对乡村治理有效性有显著正向影响（系数为0.182），然而沟通壁垒使政府部门难以有效协调各方行动，无法充分发挥其在组织协同中的积极作用。在公司化运作环节，专业公司无法及时获取政府的政策动态，可能导致项目建设不符合政策要求，面临整改甚至停工风险。这种信息流通的不畅，源于沟通平台的缺失，使得各方在协同推进项目时，因误解和信息差而频繁出现延误，无法充分发挥新质生产力在提升农业生产效率、优化产业结构等方面的优势，也阻碍了组织协同和公司化运作对乡村治理有效性的提升。

7.1.1.3 利益分配不均引发矛盾

不同组织在借助新质生产力推动乡村发展进程中,由于各自的定位和使命不同,利益诉求呈现出显著差异。在乡村旅游产业通过数字营销实现增收后,这种矛盾越发凸显。从组织协同角度来看,政府部门基于公共服务职能,期望通过税收增长来改善乡村基础设施建设、提升教育医疗水平等公共服务质量;企业作为市场主体,天然地追求利润最大化,致力于降低运营成本、提高产品售价以获取更多收益;社会组织则专注于公益服务,希望能获得足够的资金支持来开展扶贫助困、生态保护等公益项目。在公司化运作场景下,参与乡村旅游开发的专业公司,在与政府、社会组织合作时,对于门票收入、旅游产品销售利润等的分配方案难以达成一致。实证数据表明,在公司化运作维度下,村集体资产对乡村治理有效性影响较大(系数为0.345),村集体分红也有正向影响(系数为0.192),但利益分配不均可能导致村集体与企业、社会组织之间的矛盾,影响合作积极性。政府税收政策的调整、企业对利润空间的坚持以及社会组织对公益资金的迫切需求,使利益分配方案在平衡各方利益时困难重重。这种利益分配不均的状况,严重影响了后续各方协同合作的积极性,导致在进一步引入新质生产力技术提升旅游体验、拓展旅游市场等方面,难以形成合力,阻碍了新质生产力对乡村旅游产业乃至整个乡村社区的持续赋能,也不利于组织协同和公司化运作在乡村治理中发挥积极作用。

7.1.1.4 协同机制缺失致效率低下

在乡村社区治理中,面对新质生产力带来的发展机遇,如电商产业的兴起,缺乏一套统一且完善的组织协同流程和规范。在组织协同方面,各组织,包括政府部门、村委会、专业电商公司、物流企业以及相关社会组织等,对于如何在电商产业发展中明确各自的分工、如何进行紧密的协同作业，没有清晰的指引。实证数据显示，在组织协同维度下，村民自组织、决议过程、公共服务平台对乡村治理均有正向影响（系数分别为 0.145、0.129、0.112），但由于协同机制缺失，这些组织难以有效发挥作用。例如，在农产品电商销售旺季，政府部门负责政策引导和市场监管，但不清楚何时以及如何为企业提供物流协调支持；村委会不知道怎样高效组织农户进行农产品的标准化生产和供应；专业电商公司在面临订单激增时，无法快速协调各方资源满足市场需求。在公司化运作中，虽然职业经理人对乡村治理有效性有显著影响（系数为 0.346），但缺乏有效的监督考核机制，各组织在协同过程中的履职情况得不到有效监督与评估。专业公司可能为了降低成本而忽视产品质量把控，物流企业可能延迟配送，却没有相应的考核措施来约束。这一系列问题导致新质生产力在赋能乡村社区治理过程中，整体效率大打折扣，无法充分发挥其应有的创新驱动和产业升级作用，也限制了组织协同和公司化运作对提升乡村治理有效性的贡献。

7.1.2 技术适配与应用困境

7.1.2.1 技术接纳能力差异

在乡村地区推行新质生产力相关技术时，从公司化运作视角来看，面临诸多阻碍。乡村居民结构复杂，年龄跨度大且教育背景参差不齐。根据实证数据，在公司化运作治理维度下，个人资产对乡村治理有效性虽有正向影响（系数为 0.124），但这也从侧面反映出乡村整体经济水平和知识储备的差异现状。部分年长村民受限于过往的知识体系与生活经验，对于新质生产力中诸如人工智能、大数据分析这类前沿新兴技术，在理解层面存在较大鸿沟。当公司试图在乡村推广智能农业设备时，这一问题尤为凸显。以某农业科技公司为例，其投入大量资源在某乡村推广智能灌溉系统，旨在提高水资源利用效率与农作物产量。然而，不少老年农民面对操作界面复杂的智能设备，即便经过多次培训，依然难以掌握设备的基本操作方法。这不仅导致设备闲置率升高，投入产出比降低，还使公司在乡村市场的拓展计划受阻。从组织协同维度来看，根据回归结果，县乡基层活动对乡村治理有效性影响最大（系数为 0.283），但在技术推广过程中，由于村民对新技术接纳程度不同，在涉及新技术的集体作业或项目推进时，难以形成统一的行动节奏，降低了组织内部的协同效率，即便有较强的基层活动支持，也难以充分发挥作用。

7.1.2.2 应用场景开发不足

新质生产力技术蕴含着巨大的商业潜力与发展前景，但在乡村社区的公司化运作中，针对当地实际需求的应用场景开发却处于滞后状态。从公司化运作的实证数据可知，与企业合作状态对乡村治理有效性有正向影响（系数为 0.234），然而在区块链技术应用于农产品溯源方面，乡村地区缺乏将该技术与本地农产品生产、销售流程深度融合的有效商业模式与运营机制。许多农业公司虽意识到区块链技术的价值，但在实际落地过程中，由于对乡村农产品供应链的复杂性认识不足，以及缺乏与当地农户、经销商、物流商等多方主体的有效协同，无法构建起从田间到餐桌的完整区块链溯源体系。这导致区块链技术在乡村农产品领域仅停留在概念层面，无法真正转化为推动产业发展、提升经济效益的实用工具，阻碍了公司在乡村市场基于新技术的业务创新与拓展。在组织协同维度下，强村公司活动和政府部门活动的频繁程度对乡村治理有效性有正向影响（系数分别为 0.198、0.182），但在应用场景开发时，由于各主体协同不够，未能充分发挥这些积极影响因素的作用，使应用场景开发难以满足乡村实际需求。

7.1.2.3 人才匮乏与流失

乡村教育资源相对薄弱，这一现状直接导致乡村地区培养出的具备新质生产力相关知识和技能的本土人才数量极为有限。在乡村现有的劳动力群体中，多数人长期从事传统农业生产活动，缺乏对新兴技术（如物联网、生物技术等）的系统学习与实践经验。从第6章的实证中可以发现职业经理人对乡村治理有效性影响较大（系数为0.346），但乡村本土难以提供足够的这类专业人才。例如，某农业科技公司计划在乡村建设一个智慧农业示范基地，需要大量懂技术、会管理的专业人才。但由于乡村本地人才储备不足，公司不得不从城市高薪聘请人员，这极大增加了运营成本。同时，由于乡村地区在经济发展水平、就业机会丰富度、生活配套设施完善程度等方面与城市存在显著差距，大量年轻、有知识的劳动力为追求更好的职业发展与生活质量，源源不断地流向城市。同时，人才的持续流失使乡村在引入和应用新质生产力技术时，组织内部难以形成稳定且高效的团队协作模式。项目推进过程中，人员频繁变动，导致工作衔接不畅，信息传递失真，严重影响了组织的执行力与创新能力。尽管村民自组织、决议过程、公共服务平台等在组织协同维度下对乡村治理有正向影响（系数分别为0.145、0.129、0.112），但人才的缺失使得这些积极因素难以充分发挥作用，难以推动相关项目和工作的有效开展。

7.1.3 产业发展创新滞后

7.1.3.1 产业结构单一

多数乡村地区产业结构过度倚重传统农业种植和养殖，类似仅依赖单一核心产品的企业，缺乏多元化发展。实证数据显示，在公司化运作治理维度下，职业经理人（系数为0.346）、村集体资产（系数为0.345）对乡村治理有效性影响显著,这表明引入专业管理和盘活集体资产对于优化产业结构至关重要。然而,目前乡村在这方面的发展不足,各乡村组织间缺乏协同合作,未能形成农产品深加工、乡村特色文旅与科技融合等新兴产业的完整产业链条,导致难以利用新质生产力提升竞争力。在组织协同维度下,县乡基层活动(系数为0.283)、强村公司活动(系数为0.198)等对乡村治理有效性有正向影响,但由于产业结构单一,这些积极因素未能充分发挥作用,限制了乡村经济多元化发展。

7.1.3.2 创新动力不足

乡村企业和农民普遍缺乏创新意识与能力,面对新质生产力相关技术和理念不够主动。乡村内部及与外部科研机构、创新型企业间缺乏协同创新机制。实证表明,在公司化运作维度下,与企业合作状态(系数为0.234)、公共产品提供(系数为0.234)对乡村治理有效性有正向影响,说明加强合作与公共产品供给能促进创新,但当前乡村创新动力不足,难以适应市场需求变化。在组织协同维度下,政府部门活动(系数为0.182)等对乡村治理有效性有正向作用,但由于创新动力缺乏,这些活动未能有效推动产品创新和市场拓展。

7.1.3.3 资金投入不足

一方面,乡村社区治理的基础设施建设、信息化平台搭建、公共服务供给等都需要大量资金支持,但目前资金投入主要依赖政府财政拨款,社会资本、集体经济等多元资金投入渠道尚未充分打通,资金的可持续性较差,难以满足实际需求,导致治理设施陈旧、技术应用滞后等问题突出,影响了乡村社区治理的长期稳定发展。另一方面,部分地区在资金分配和使用过程中,缺乏科学合理的规划和监管机制,存在资金浪费、重复建设等现象,未能充分发挥资金在提升乡村社区治理水平中的作用。实证显示,村集体分红（系数为 0.192）、纪检监督（系数为 0.128）、个人资产（系数为 0.124）等对乡村治理政策有正向影响，但因资金投入不足及分配监管不善，导致治理设施陈旧、技术应用滞后。村民对财务状况的了解程度与乡村治理满意度正相关（村财务收支了解情况回归系数为正），但资金问题影响了财务公开和纪检监督职能的有效发挥，且资金浪费、重复建设等现象频出，严重影响乡村社区治理的长期稳定发展。

7.2 新质生产力视角下的中国乡村社区治理问题的原因分析

7.2.1 治理主体协同障碍的原因

7.2.1.1 传统观念层面

在广袤的乡村地域，长久以来，相对封闭的社会环境如同无形的屏障。许多乡村地处偏远，交通不便，地理位置的局限性使得其与外界的交流沟通存在诸多阻碍。与此同时，信息流通的不畅更是加剧了这种封闭状态，相较于城市地区丰富多样的信息传播渠道，乡村地区获取信息的途径相对单一，这使乡村治理主体，像村委会成员以及广大农业从业者，接触外界先进理念的机会少之又少。与城市地区相比，乡村的教育普及程度明显较低。城市拥有众多优质的教育资源，丰富的学术讲座、前沿的科研成果展示等，为居民提供了多元的学习和交流环境。而乡村地区教育资源匮乏，师资力量薄弱，教育设施陈旧，这进一步导致乡村治理主体深受传统治理观念的禁锢。

尤为关键的是，针对新质生产力相关知识的培训与宣传工作，在乡村地区严重滞后。既没有形成一套系统、全面的培训体系，也缺乏具有针对性的推广机制。这使村委会成员和农业从业者对大数据、人工智能等新技术在乡村治理中所能发挥的巨大优势,如提高治理效率、精准决策等,认识极为不足。对于引入职业经理人等新管理模式所带来的诸如优化资源配置、提升管理水平等积极变革,他们难以理解,进而出于本能抵触这些变革,极大地阻碍了新质生产力在乡村社区治理中的有效应用。

7.2.1.2 沟通机制层面

当前,在乡村治理这一重要领域,专门为政府、企业、社会组织等多元主体搭建的沟通平台,无论是在规划方面,还是在实际投入上,都存在着严重的缺失。没有这样一个高效且统一的沟通枢纽,常态化的信息共享机制便如同空中楼阁,难以真正建立起来。

在实际的信息传递过程中,各主体之间由于缺乏标准化的流程与规范,使信息传递陷入混乱。同时,没有明确规定信息传递的责任主体,导致信息在从政府部门传向企业,再到社会组织的流转过程中,极易出现偏差、延误等问题。例如,在乡村旅游项目的推进过程中,政府出台了一系列旨在促进旅游产业发展的扶持政策,然而,由于信息传递不畅,企业未能及时、准确地获取这些政策信息。这使企业在项目投资决策时,因缺乏关键信息而出现偏差,在资源配置上也无法做到合理规划,进而严重阻碍了项目的顺利开展,影响了乡村旅游产业的发展进程。

7.2.1.3 利益协调层面

在众多乡村发展项目中,无论是关乎基础设施建设的项目,还是涉及产业开发的项目,都暴露出专业利益分配评估机构的严重缺失以及科学利益分配模型的不完善。各方在制定利益分配方案时,往往仅从自身立场出发,将追求自身利益最大化作为首要目标,而严重缺乏对乡村整体发展和公共利益的全面考量。

以乡村旅游产业发展为例，政府肩负着公共服务职能，希望通过旅游产业发展带来的税收增加，来改善乡村的基础设施建设，如修建道路、桥梁、完善水电供应等，同时提升教育、医疗等公共服务质量，以惠及广大乡村居民。企业作为市场主体，其本质属性决定了它着重追求利润最大化，在运营过程中致力于降低运营成本、提高产品售价，以获取更多的经济收益。社会组织则秉持公益服务的宗旨，期望能获得足够的资金支持，用于开展扶贫助困、生态保护等公益项目。然而，由于缺乏科学合理的利益分配机制，各方在利益分配过程中难以达成平衡，矛盾频繁发生。这种矛盾不仅影响了项目的后续推进，使项目可能因各方意见不合而停滞不前，还极大地打击了各方的合作积极性，对乡村旅游产业的持续健康发展造成了严重阻碍。

7.2.1.4 协同制度层面

在乡村治理的实际操作过程中，一套完善的组织协同制度体系尚未构建完成。这主要体现在以下几个关键方面：首先，缺乏明确的职责划分，使各组织在面对具体工作任务时，常常陷入职责不清的困境，进而出现相互推诿扯皮的现象。其次，协同流程的缺失，导致工作开展缺乏连贯性与有序性，各项工作环节之间无法有效衔接，降低了工作效率。最后，监督考核机制的不完善，使各组织在协同工作中的履职情况得不到有效的监督与评估，无法对各组织的工作效果进行准确衡量。

例如，在乡村电商产业发展过程中，政府部门、电商企业、物流企业以及相关社会组织在协同推进过程中，由于缺乏明确的工作任务界定，各方不清楚自己具体需要承担哪些工作；没有合理的时间节点规划，导致工作进度无法有效把控；缺乏质量标准要求，使工作质量参差不齐。当面对农产品销售旺季时，各方无法实现有效协同，出现农产品供应不及时、物流配送延迟等问题，严重影响了产业的发展效率，制约了乡村电商产业的进一步发展壮大。

7.2.2 技术适配与应用困境的原因

7.2.2.1 技术接受者素质层面

乡村地区教育资源匮乏的问题由来已久，这一问题如同顽疾，严重影响着乡村居民的整体文化素质。与城市居民相比，乡村居民在知识储备、学习能力等方面存在一定差距，这使他们在面对新兴技术时，往往缺乏足够的学习能力和基础知识储备。

当前针对乡村居民的技术培训体系存在诸多弊端。一方面，培训内容往往与乡村实际需求严重脱节。培训过程中过于注重理论知识的传授，而忽视了乡村居民在实际生产生活中对实践操作技能的迫切需求。例如，在培训智能农业设备使用时，大量讲解设备的工作原理等理论知识，却没有给予足够的时间让居民进行实际操作练习，导致居民在实际应用时仍然不知所措。另一方面，培训方式过于单一，多以集中授课为主，这种方式缺乏个性化、多样化的考量，难以满足不同年龄段、不同知识水平居民的学习需求。年轻居民可能接受能力较强，希望能有更深入、更具挑战性的学习内容；而年长居民可能对新知识的接受速度较慢，需要更耐心、更细致的教学方法。然而，单一的集中授课方式无法满足这些差异化需求，使乡村居民在面对新质生产力相关技术，如智能农业设备、大数据分析等时，难以掌握其操作方法与应用技巧，严重阻碍了新技术在乡村的推广应用。

7.2.2.2 技术开发者与乡村需求对接层面

在技术研发的整个过程中，多数技术开发者往往将目光过度聚焦于城市市场或通用场景，对乡村特殊的生产生活环境、产业特点和实际需求缺乏深入细致的了解。城市与乡村在诸多方面存在显著差异，乡村的生产方式更为分散，基础设施相对薄弱，产业结构也独具特色。然而，技术开发者在研发过程中，未能充分考虑这些差异。

在技术推广阶段，同样未能与乡村当地主体，如村委会、农民合作社、农户等进行深度沟通与合作。这使新技术在乡村落地时，由于缺乏对乡村实际情况的适应性调整，难以发挥其应有的作用。以推广区块链技术应用于农产品溯源为例，乡村农产品供应链具有其独特的复杂性，物流配送存在不稳定性，农户生产分散且规模较小。但技术开发者由于对这些情况认识不足，未能充分考虑到这些因素，导致无法构建起一套适合乡村实际情况的完整区块链溯源体系。在实际应用中，可能出现数据采集困难、信息录入不及时等问题，使得该技术在乡村地区的应用效果大打折扣，无法真正为乡村农产品的质量保障和市场竞争力提升提供有力支持。

7.2.2.3 人才生态层面

乡村经济发展水平相对落后，与城市相比，在薪资待遇方面存在较大差距。城市拥有发达的经济体系，能够为各类人才提供丰厚的薪酬和良好的福利待遇，而乡村地区由于产业发展有限，经济实力薄弱，无法为人才提供具有竞争力的薪酬。这使许多人才在选择工作地点时，往往更倾向于城市。

同时，乡村地区的职业发展空间有限，缺乏完善的职业晋升渠道和培训体系。在城市，人才可以通过参与各种项目、培训课程以及行业交流活动，不断提升自己的专业技能和综合素质，获得更多的职业晋升机会。而在乡村，这样的机会相对较少，难以满足人才对自身职业发展的期望。

此外，乡村缺乏完善的人才培养和引进机制。对本土人才的培养重视不够，投入不足，未能充分挖掘本土人才的潜力。许多有潜力的乡村青年，由于缺乏良好的培养环境和发展机会，不得不选择离开乡村，到城市寻求发展。对外来人才的激励政策和保障措施也不到位，使外来人才在乡村工作时面临诸多后顾之忧,如子女教育、医疗保障等问题。这些因素相互交织,共同作用,导致乡村对人才的吸引力严重不足,人才流失现象极为严重,进而极大地影响了新质生产力技术在乡村的引入和应用,使乡村在科技发展的浪潮中面临更大的挑战。

7.2.3 产业发展创新滞后的原因

7.2.3.1 产业结构层面

长期以来,乡村地区形成了对传统农业种植和养殖产业根深蒂固的路径依赖。这种依赖的形成,一方面,是源于历史发展的惯性,在过去漫长的时间里,农业种植和养殖一直是乡村的主要产业,人们熟悉并习惯了这种生产方式。另一方面,对新兴产业,如农产品深加工、乡村特色文旅与科技融合产业等的扶持政策不够完善,资金投入相对不足。政府在制定产业政策时,可能未能充分认识到新兴产业对乡村发展的重要性,政策支持力度不够,导致这些新兴产业在发展初期面临诸多困难。同时,资金投入的不足使新兴产业缺乏发展所需的资金支持,无法进行技术研发、设备更新等关键环节。

更为关键的是,缺乏一套有效的产业转型引导和推动机制。没有明确的产业发展规划和指导方向,乡村在产业结构调整过程中往往盲目摸索,无法把握正确的发展方向。也没有建立起相应的激励机制,鼓励乡村企业和农民积极参与产业转型。此外,乡村地区普遍缺乏对市场需求和产业发展趋势的深入研究与准确判断。在当今快速变化的市场环境下,市场需求不断升级,产业发展趋势日新月异。然而,乡村地区由于信息相对闭塞,缺乏专业的市场调研和分析能力,无法及时捕捉市场变化,调整产业结构。这就导致在面对新质生产力带来的发展机遇时,乡村地区难以实现产业的转型升级,严重限制了乡村经济的多元化发展,使乡村经济在市场竞争中处于相对劣势地位。

7.2.3.2 创新生态层面

乡村地区整体缺乏创新文化氛围，企业和农民对创新在推动产业发展中的重要性认识严重不足。在传统的生产经营模式下，企业和农民习惯于按部就班，缺乏主动探索和创新的意识。这种对创新的忽视，使乡村地区在面对新质生产力相关技术和理念时，缺乏主动探索和应用的积极性。

同时，乡村与外部科研机构、创新型企业的合作渠道不畅，尚未建立起有效的产学研合作机制。科研机构拥有先进的科研成果和技术，创新型企业具有敏锐的市场洞察力和创新能力，而乡村地区拥有丰富的资源和广阔的应用场景。然而，由于缺乏有效的合作机制，三者之间无法实现优势互补。乡村地区无法及时获取外部先进的创新资源，如新技术、新方法、新理念等。例如，在农产品创新方面，由于缺乏与科研机构的合作，乡村企业和农民只能凭借自身有限的经验进行生产，难以开发出具有市场竞争力的新产品，无法满足消费者对高品质、个性化农产品的需求。这不仅限制了乡村产业的发展，也使乡村在市场竞争中逐渐失去优势。

7.2.3.3 资金保障层面

乡村地区金融服务体系存在诸多不完善之处，犹如一座根基不稳的大厦。金融机构网点覆盖不足，许多乡村地区甚至没有金融机构的身影，这使乡村居民和企业在获取金融服务时面临诸多不便。同时，金融产品和服务种类单一，大多局限于传统的存贷款业务，无法满足乡村产业发展的多样化需求。例如，乡村旅游产业的发展需要多样化的金融支持，如旅游项目开发贷款、景区建设融资等，但现有的金融产品难以满足这些需求。

这种情况导致社会资本对乡村投资的信心不足。社会资本在进行投资决策时，往往会考虑投资风险和收益。由于乡村金融服务体系的不完善，投资风险相对较高，收益预期不稳定，使社会资本担心投资风险过高而不愿涉足乡村领域。同时，乡村产业发展缺乏多元化的资金投入渠道，主要依赖政府财政拨款，资金来源单一且不稳定。政府财政拨款受到财政预算等多种因素的限制，难以满足乡村产业发展的巨大资金需求。此外，政府在资金分配和使用过程中，缺乏科学的规划和严格的监管。在资金分配时，可能存在不合理的情况，导致部分项目资金过剩，而部分急需资金的项目却得不到足够的支持。在资金使用过程中，由于监管不力，存在资金浪费、重复建设等现象。例如，在一些乡村基础设施建设项目中，由于资金规划不合理，导致部分设施建成后闲置，未能充分发挥资金在提升乡村社区治理水平和推动产业发展中的作用，进一步加剧了乡村产业发展的资金困境。

第 8 章

新时代中国乡村社区治理有效性的对策建议

本书研究结论充分证明了中国在推进乡村治理有效性上所作出的努力，但是结果也表明，在构建乡村治理体系上中国还需要进一步加强，乡村振兴战略的落实还在路上。根据本书分析以及前人研究成果，最终本书在组织协同和公司化运作两大研究方向上进行了深入分析研究，得出了一些结论，验证了基本假设，并且从政策层面、理论层面、实践层面展开分析，得出未来的乡村治理关键在于组织协同治理的广度和深度，而未来乡村振兴的关键在于乡村运营，需要运营团队运用市场手段实现资源变现。

8.1 中国乡村社区多元治理模式实现路径的构建原则

第一，多元治理。在新质生产力赋能下，多元治理在"有"这一层面，科技创新催生了众多新兴的社区主体。例如，基于互联网技术的社区共享经济平台，吸引了大量居民参与其中，成为社区经济治理的新主体。同时，利用大数据和人工智能技术，能够精准识别具有潜在参与意愿的主体，有针对性地进行培育。在"治"的层面，新质生产力中的数字化沟通工具，如线上社区论坛、社交媒体群组等，极大地降低了多元主体参与社区治理的门槛。不同主体可以通过这些平台便捷地发表意见、提出建议，并参与到社区事务的决策和执行中。在"合"的层面，借助区块链技术的分布式账本和智能合约功能，能够实现多元主体间的资源共享与协同合作。各主体的权益和责任通过智能合约得到明确界定，确保合作的公平性与稳定性，进而发挥出协同效应，实现社区治理效益的最大化。

第二，多维治理。新质生产力为多维治理目标的实现提供了丰富的手段和路径。在培育社区基本要素方面，通过虚拟现实（VR）和增强现实（AR）技术，可以开展社区教育活动，提升社区成员的参与意识和能力。利用云计算技术搭建的社区组织管理平台，有助于完善组织体系，提高组织运行效率。

在正式和非正式制度规则的形成过程中，大数据分析可以为制度制定提供数据支撑，确保制度的科学性和合理性。同时，利用新质生产力带来的新媒体平台，可以广泛征求社区成员的意见，促进制度的民主性。在不同行为主体交往互动方式和机制的磨合上，物联网技术使得社区内的设备和设施能够互联互通，为居民之间、居民与组织之间创造更多的互动场景，从而促进交往互动机制的优化。

第三，依法治理。在新质生产力的背景下，选择路径的依法性有了新的内涵。例如，随着数字经济在社区的发展，对于涉及数字资产、网络交易等方面的社区治理路径选择，需要依据相关的数字法律法规。在依法实施路径方面，利用区块链的不可篡改特性，可以对社区治理路径的实施过程进行全程记录和监督，确保程序正确和过程正义。同时，人工智能技术可以对治理过程中的法律风险进行预警和评估，为依法实施路径提供保障。

第四，有限治理。新质生产力使路径选择和运用的边界更加清晰。在不同路径对应不同治理内容上，例如，对于社区内的科技创新项目推广，可以采用市场化的激励路径，鼓励企业和科研机构参与，而不是采用行政命令的方式。在路径运用受时空和形势变化约束上，通过大数据分析和实时监测技术，能够及时了解社区的动态变化，从而灵活调整治理路径。例如，在新冠疫情期间，社区可以根据疫情形势的变化，快速调整防控路径，从线下集中管理转变为线上线下相结合的分散式管理。

第五，有机治理。新质生产力为促进社区"自组织"机制的形成提供了有力支持。例如，利用开源软件和众包平台，社区居民可以自发地组织起来，共同开发适合社区需求的应用程序或服务项目。在社区治理过程中，避免过度依赖法律和制度的强力约束，而是利用新质生产力带来的技术手段，激发社区自身的活力和创造力。例如，通过建立社区积分奖励机制，对积极参与社区"自组织"活动的居民给予奖励，这些奖励可以在社区内的共享经济平台上兑换商品或服务，从而进一步促进社区"自组织"机制的发展。

8.2 中国乡村社区多元治理模式实现理论框架

"嵌入"即一个对象通过一定的形式进入另一个对象，与其融合并产生影响的过程和状态，"嵌入性"则是指嵌入的主体和客体所具有的这种属性。Polanyi首次把"嵌入"带入新经济社会学并推动其成为该领域的一个核心理论概念，Granovetter进一步将这一重要思想具体化、实证化，强调具体的关系和关系结构（或称网络）可以产生信任，防止欺诈，其中关系和关系结构形成了关于嵌入的两种分析形式，即关系性嵌入和结构性嵌入。后来，又有学者不断将社会嵌入理论进行完善和拓展，如Zukin、Dimaggio将嵌入形式分为结构型、认知型、政治型和文化，分析了认知、政治、文化等对嵌入的影响。此外，社会嵌入理论也发生了理论的迁移，逐步拓展到其他学科领域。如今，嵌入理论的适用范围已经远远超出了经济社会学领域，成为一种广泛应用的分析工具。

本书以嵌入性理论为视角，从以上学者提出的嵌入类型中获得启发，从结构嵌入、政治嵌入、关系嵌入和文化嵌入四重维度嵌入社区治理，探索多元共治乡村社区治理的有效路径。多元主体参与乡村治理过程中应有效发挥各主体的作用,一方面依靠各主体自身的能动性来治理乡村事务,另一方面想方设法凝聚多方主体的力量,共同实现乡村良性治理的目标。乡村治理目标是否达成,取决于各主体参与的程度,不仅要有实体、制度、机制方面的嵌入,也要有价值、理念、目标方面的嵌入。因此,本书在既有研究的基础上进一步延伸,提出多重嵌入的分析框架,将治理主体参与程度划分为结构嵌入、政治嵌入、关系嵌入、文化嵌入四个维度,如图8.1所示。结构嵌入是指政府以一种相对独立的组织要素嵌入既有的乡村治理制度系统,实现政府的组织体系与乡村治理体系的结构性耦合,形成一种新的关联结构。政治嵌入强调公共服务供给,在结构嵌入基础上实现对乡村治理要素的统筹与整合以及对乡村资源的调配与使用,实现治理效能的提升。关系嵌入是通过嵌入乡村中各类主体业已形成的社会关系网络,在互惠互利原则基础上,增进社会交往,提高乡村参与水平。文化嵌入也可被称为价值嵌入,体现为组织内的成员对共同价值目标的认同与互惠合作的意愿,强调价值文化的趋同以及行为的协调协作。

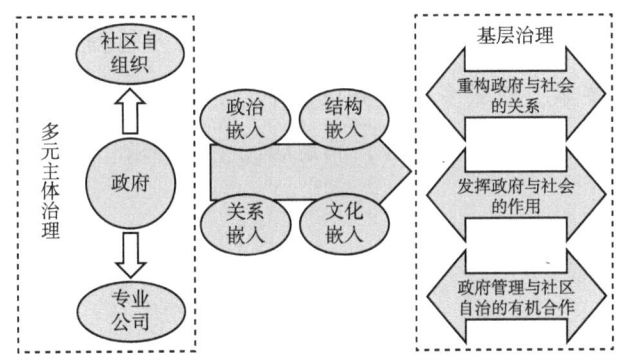

图 8.1 多重嵌入:乡村社区治理的分析框架

8.2.1 结构嵌入是基础

结构嵌入是基础,它把各治理主体嵌入乡村治理组织体系中,实现勾连互嵌、结构重塑、组织再造,形成一轴多元、耦合互动的治理共同体结构。对此,乡村应建立以国家为中心的乡村组织架构,组成村委会主导下多元参与的乡村治理共同体。大致可以分为"村委会—村落理事会—村民":村委会是乡村治理共同体运转的中轴,处于领导核心地位,对整个乡村的建设和管理负总责;村落理事会是经民政部门登记注册的社会团体,主要职能是协助村委会开展乡村各项公益事业,整合乡村内资源,组织引导乡村中的多元力量参与乡村建设,同时为乡村筹集经费,用于乡村建设和开展救助服务。

8.2.2 政治嵌入是载体

政治嵌入是载体,它把国家的政治功能、服务功能与其他治理主体的功能紧密融合,进而提供更加优质的乡村公共服务,满足乡村多层次、多种类、多样化的需求。为此,政治嵌入是在结构嵌入基础上,通过不断优化政府、企业、社会组织等多元关系结构,横向联结生活服务、政务治理、权利保障等治理要素,实现信息、资源互通,为完善乡村功能增能。一是要整合信息要素,建立社情信息收集平台,实现乡村信息实时共享。二是整合政务治理要素,建成乡村政务议事平台,推动乡村共治。三是整合民生服务要素,打造乡村服务平台,满足居民生活需求。

8.2.3 关系嵌入是关键

关系嵌入是关键,党员不再隐身,而是亮明身份,担当乡村全体居民交往的联络员角色,黏合陌生社会裂缝、促进社会交往、建立起成员间的信任合作纽带。为此,关系嵌入通过党建过程来增进乡村交往,重构乡村中党群、社群、干群等多种关系网络,增强多元主体之间的情感联结,凝聚关系带来的资源与价值,进而促进乡村治理目标的实现。一是党员先锋引领，重构党群关系。二是改善营商环境，深化乡村关系。三是推崇交往互信，开发乡村新价值。通过倡导有交往就有街坊、有分享就有价值，有付出就有回报、有信任就有沟通的乡村精神，大力弘扬社会主义核心价值观、帮客文化、共治文化，增进居民情感共鸣和价值认同，扩大信任半径，培育居民乡村意识，增强乡村认同感。

8.2.4 文化嵌入是内核

文化嵌入是内核，必须深度融入当地文化圈，与区域文化、生态、习俗等融合，推动形成高度的价值契合，以共同价值理念形塑乡村公共精神。一是开展学习实践活动，推动精神文明建设。各地以文化礼堂为代表的乡村文化场所在社会教育、文化普及、艺术表演等方面发挥出积极的育人作用。二是开发培训课程，挖掘乡村治理力量。政府、社会、村民在文化产业开发上达成共识，促进文化产业形态多样化，尤其是文旅融合成为乡村文化建设。三是挖掘传统优秀文化资源。地方政府应重视历史文化遗产保护、挖掘、整理工作，设立专项基金、成立专门队伍、开辟专门场所，鼎力支持传统优秀文化资源的保护与挖掘，文物数字化建设。

8.3 中国乡村社区组织协同治理有效的对策建议

8.3.1 充分发挥中国共产党的引领作用，推动多元主体共治

8.3.1.1 坚持中国共产党的引领，发挥基层党组织领导核心作用

根据研究发现，党组织活动频繁程度和驻村第一书记、驻村工作队以

及县乡等基层党委和政府部门的关注均取得了良好成效,充分验证了党组织活动在推动乡村治理中的积极作用。习近平总书记在党的十九大报告中提出实施乡村振兴战略,必须始终把解决好"三农"问题作为全党工作重中之重,从政治高度明确了党在推动解决乡村治理问题中的核心地位。为此,本书认为应该从以下几个方面来积极推动乡村有效治理。

第一,加强党对乡村治理工作的领导。以党组下沉为抓手,毫不动摇地坚持党的集中统一领导,强化党组织在基层政府、基层自治组织中的领导权威,充分利用基层党组织的影响力,全面贯彻党和国家在乡村治理中的政策举措。切实把党的领导贯穿始终,把党的旗帜树立在建设乡村地区的最前线,发挥中国共产党联系群众的天然优势,实现乡村治理各类主体的协同合作。

第二,压实基层党组织的主体责任。重点加强县级基层政府、乡镇基层政府的党组织建设,切实夯实乡村地区的党组织力量。重点加强基层党组织中青年党员干部的培养工作,发挥年轻党员干部敢闯敢干、勇于争先、不怕辛苦、艰苦奋斗的精神。积极推动干部下沉,充分运用好驻村第一书记和驻村工作队,在乡村治理中切实发挥其引导性作用,以此为阵地堡垒,积极推动解决乡村地区矛盾纠纷,让村民群众享受到切切实实的胜利成果。

第三,树立为民服务的宗旨意识。以打造服务型基层政府为目标,在乡村地区推广直接服务群众的各类综合服务中心(服务站),将乡村基础服务的优秀经验传播到乡村地区去,在乡村地区复制出城市乡村党群服务中心的影响力。推动完善村民自治组织中的各项组织制度,形成可供复制推广的有益乡村治理模式及具体的经验做法。

8.3.1.2 提升基层服务能力,强化乡村治理实效

乡村地区基层服务能力涵盖内容广泛,根据本书研究,主要还是聚焦在基层矛盾问题处置、社会安全以及公共服务能力等方面。

第一,健全乡村地区矛盾纠纷调处化解机制。坚持发展新时代"枫桥经验",将乡村地区矛盾纠纷都化解在当地、化解在小处、化解在初端。进一步夯实调解员队伍建设能力,切实提升矛盾纠纷化解效率,对标乡村党群服务中心及乡村工作站等新模式,尝试构建更加快速反应的基层矛盾解决机制,提高乡村治理的精准度。

第二,高度重视平安乡村建设。推动构建基础性制度、设施和平台建设。加强乡村警务工作,大力推行"一村一辅警"机制。在乡村地区全面打造智慧化公共安全服务网络,以乡村警务室建设为抓手,提高对乡村地区特殊人群的关注程度。全面加强毒品、非法宗教等违法犯罪行为的打击力度,构建风清气正的基层公共安全氛围。基层政府和村民自治机构要积极引入社会机构,加强宣传教育,为进一步推动公共安全责任体系建设提供新动力。

8.3.2 坚持多元共治,提升乡村治理社会主体参与程度

8.3.2.1 夯实乡村自治基础,发挥多元主体协同治理优势

未来乡村建设,除开党组织的领导作用之外,还应该充分发挥其他各类主体的积极作用,发挥社会组织协同力度。除了基层政府的有效指挥外,还应该发挥其他主体的主观能动性。我们要将村民自治组织、社会机构乃至村民群众的主动性和积极性完全激发出来,推动他们为乡村地区的发展贡献各自力量。特别是在乡村地区公共事务处理问题上,要将这些利益主体都涵盖进来,充分体现公共利益最大化目标。具体可以从以下几个方面展开。

第一,全面加强村民自治组织的基础性力量。村民自治组织是除开基层政府之外,落实乡村地区政策的重要环节,也是村民群众议事的重要平台,不管是集体经济决策还是村民合作社组织都需要在自治框架下开展工

作。我们要积极引导村民自治组织创新治理模式，优化治理机制，充分尊重村民群众的利益诉求，在引导村民群众积极参与乡村治理上下足功夫。特别是要增强村民群众"主人翁"意识，只有真正把乡村地区的事情当成是自己的事情，村民群众才会积极主动作为，才会为实现自己利益而不断提供新的思路和新的办法，真正实现人民当家作主。此外，对于非正式制度也应该高度重视，根据乡村地区实际情况，塑造能够规范民风的村规民约。

第二，加强基本公共服务供给保障。在落实公共产品和服务保障的同时要切实强化基层政府的职责，优化乡村服务功能布局，促进服务资源高效配置和有效辐射。发挥村级党组织、基层群众性自治组织作用，支持群团组织积极参与乡村服务。积极引导社会组织机构参与其中，推动乡村地区与社会组织、社会工作者、志愿者、公益慈善资源联动开展服务。支持引导基层政府单位向乡村居民开放停车场地、文化体育设施、会议活动场地等资源。支持乡村服务企业发展，积极引导市场主体进入乡村服务领域，鼓励开展连锁经营。

8.3.2.2 坚持统筹各类资源，加强乡村地区民生保障能力

关于村民理事会、公共服务平台、选派干部处置问题能力、信息技术应用、医疗卫生等有关政策有效性的分析均得到了验证，那么针对上述研究中发现的问题以及今后可能需要进一步提升的方向可以从以下几点展开。

第一，全面提升乡村地区教育均衡化。进一步加强乡村地区教育投入力度，强化乡村地区教育工作的领导机制。在乡村地区教育基础设施建设、网络化信息化技术应用推广、乡村地区师资力量培育和乡村地区教育体制改革等方面重点关注，特别是对于推动乡村地区教育可持续方面提供全方位的支持，可以通过积极引导高校毕业生到乡村地区任教的方式，切实提升教育均衡化水平。

第二，切实加强乡村地区医疗卫生事业。重点加强乡村地区医疗卫生基础设施建设投入，实现乡镇医院和乡村卫生所等全面覆盖。构建乡村地区医疗卫生从业人员长期培育机制，在人员储备、技能培训、职业发展、工资薪酬和配套服务等方面全方位发力，形成可上可下、可进可出的综合医疗卫生服务体系，为乡村地区医疗卫生事业的长远发展提供充足的力量支持。

8.3.3 优化利益分配机制，完善协同制度体系

8.3.3.1 引入专业评估与科学模型

引入专业的利益分配评估机构，结合乡村发展项目的实际情况，运用科学的利益分配模型制定方案。例如，在云南某乡村的特色水果种植与加工项目中，评估机构根据政府提供的土地资源、企业投入的资金与技术、农户投入的劳动力等要素，运用合作博弈模型确定各方的利润分配比例。政府通过税收与土地增值获得收益，用于乡村基础设施建设与公共服务提升；企业通过产品销售获取利润，同时承担市场风险；农户通过土地流转与劳务收入增加收入。

8.3.3.2 建立协调与争端解决机制

建立利益协调与争端解决机制，设立专门的调解委员会，由政府相关部门、法律专家、行业代表等组成。当各方在利益分配过程中出现矛盾时，能够及时进行沟通与协调。比如在某乡村旅游项目中，政府、企业与当地村民因门票收入分配问题产生分歧，调解委员会介入后，通过多次协商，综合考虑各方投入与贡献，制定了新的分配方案，保障了项目的顺利推进。

8.3.3.3 规范协同工作流程

设计科学合理的协同工作流程,对各项工作环节进行标准化、规范化管理。制定详细的工作流程手册,明确每个环节的工作内容、时间节点、质量标准以及各组织之间的协作方式。以农产品电商销售旺季为例,根据流程手册,农户在规定时间内完成农产品采摘与分拣,电商企业及时上架销售,物流企业按照配送计划按时配送,确保农产品供应、销售、配送等环节的高效衔接。

8.3.3.4 健全监督考核机制

建立健全监督考核机制,对各组织在协同工作中的履职情况进行定期监督与考核。制定量化的考核指标,如工作完成进度、工作质量、协同配合度等。将考核结果与政策支持、资金奖励、荣誉表彰等挂钩。例如,对在乡村电商发展中表现优秀的企业,给予税收优惠与财政补贴;对工作不力的组织进行督促整改,激励各组织积极履行职责,提高协同工作效率。

8.3.4 把乡村运营作为统筹推进乡村振兴的撬动点

(1)以运营助发展,壮大乡村产业。坚持因村制宜,将市场机制引入乡村产业,持续增强乡村产业竞争力。高质量建设"栾川印象"产业园、兰花产业园、中药材产业园。打造云岭民宿集群、佰芳研学营地等十大乡村新业态,"一镇一业、一村一品"正在逐步形成。壮大集体经济,探索实施"归园田居"招募计划,重点推进以闲置农宅为主的"两闲四荒"资源盘活利用,推动农民分散资源有效整合,推动"死资源"变成"活资产"。目前,90%以上的村集体经济收入达10万元以上。

(2) 以运营聚人才，厚植人力资源。把乡贤返乡创业与乡村运营深度融合，持续激发和释放人才创造力。招募运营商突出公开公平、务求团队优质，组建专家顾问团和运营人才库，200多个运营团队主动对接，签约运营商40家，策划各类活动30余场次，谋划实施项目119个，资金规模8.3亿元。推动"乡贤链"+"产业链"双链并进，大力引进"洋秀才"、培育"土专家"，建设乡贤返乡创业园13个，针对乡贤资金需求提供信用"乡贤贷"。

(3) 以运营促建设，改善环境面貌。坚持规划建设运营一体化，树立"微改造、精提升"理念，运用市场导向，选准特色定位，不搞大拆建，避树空形象，在精准策划、精准定位中推进乡村建设，推动治理"六乱"、开展"六清"、实现"六提升"，促进村庄由"干净整洁"向"美丽宜居"转变。目前栾川被评为全省农村人居环境整治三年行动先进县。

(4) 以运营增保障，充裕生产要素。坚持以集镇建设为乡村运营提供可利用土地和优质公共服务，着力解决资金上"怎么来"问题，确保乡村持续健康运营。用好扶贫资产，推动扶贫资产从分散式助农增收向整体性产业发展转变，推进整合涉农资金向规模化产业转变，乡村旅游、"栾川印象"、中药材、食用菌和蕙兰5项主导产业成效明显。做优集镇建设，坚持"以产兴镇、以镇促产、产镇融合"，着力打造潭头温泉小镇、合峪蕙兰小镇、庙子物流小镇、三川长寿小镇、赤土店工矿小镇等特色集镇。创新融资保障机制，全县共申请专项债资金54亿元，入库医养康养、乡村旅游、城镇建设、生态环保等项目63个；争取上级政策性资金支持项目76个，补助资金5.3亿元；借助国开行贷款谋划乡村振兴领域项目8大类32个，为全面推进乡村振兴注入源头活水。

(5) 以运营强治理，激发发展活力。提升乡村治理能力，为乡村运营创造良好环境。与"五星"支部创建结合，创新"五图促五星"工作法，把党支部建在产业链上、育在运营链里。与干部能力提升结合，坚持书记遍访、党员联户、干部包片和乡镇领导干部普遍直接联系群众制度,示范带动包村联户、包组包片。与积分制管理结合,建立村民积分化管理评价体系和奖惩兑换机制,群众参与基层治理的主动性和积极性有效提升。与推进"三清两建"结合,全县共清收集体资产3.5亿元,资金5400万元,核减村级债务3600万元,以自然村为单位探索形成"党小组+村民理事会"村民自治新模式。

以运营思维推进乡村振兴必须把握的几个关系包括:

(1) 顶层设计和基层组织建设必须一起抓。栾川以乡村运营推动实现乡村振兴表明,再先进的理念都需要最基层的人来落实,再精密的谋划都需要最基层的组织来保障,推进乡村运营实现乡村振兴,必须解决好"怎么看"的干部思想和"谁来带"的组织建设问题。

(2) 政府作为和运用市场方式必须同步走。栾川县进一步找准定位、厘清边界,实现乡村与市场的结合,在乡村建设发展之初招引运营商提前介入,政府部门在乡村运营中当"红娘"。同时,聚焦"三清两建"和"三变"改革工作中的堵点难点问题重点发力,为乡村运营提供有效载体、优质资源、有效资产和优异环境。

(3) 专业运营和百姓积极参与必须相结合。栾川县引导运营商充分运用自身的先进理念和市场运作能力,做好乡村规划、产品开发等工作,让乡村的资源可盈利、能赚钱。同时,政府、运营商、投资商、村集体、村民在乡村运营中找准各自的角色定位和合作共赢点。最大限度调动群众积极性,最大限度保障群众利益。

(4) 塑造区域品牌和突出村庄特色必须相统一。栾川乡村旅游迭代升级的实践表明,一个地方只有不断推陈出新、丰富内涵、彰显特色,才能打造出一直叫得响的区域品牌。一个村庄也只有立足于独特区位和资源禀赋,才能不断彰显特色、形成持久的竞争优势。

8.3.5 提升技术接纳能力

8.3.5.1 分层分类技术培训

针对乡村居民技术接纳能力差异的问题,开展分层分类的技术培训。对于年长、知识水平较低的居民,采用通俗易懂、简单直观的培训方式。如在推广智能灌溉系统时,技术人员现场演示设备的操作方法,手把手教导农民如何设置灌溉时间、调节水量大小。对于年轻、接受能力较强的居民,提供深入的技术原理讲解和高级应用培训。例如,开设无人机植保技术培训班,教授他们无人机的飞行原理、农药喷洒参数设置以及故障排除等知识,培养他们成为乡村技术骨干。

鼓励农业科技公司、高校科研团队等与乡村建立长期合作关系,为乡村居民提供持续的技术指导与支持。例如,某农业科技公司与河南某乡村签订合作协议,定期派遣技术人员到乡村指导农民使用智能温室大棚系统。通过传感器实时监测大棚内的温度、湿度、光照等环境参数,自动调节通风、遮阳、灌溉等设备,实现农作物的精准种植。同时,利用线上平台,如远程视频、在线答疑等方式,及时解决农民在使用新技术过程中遇到的问题。

8.3.5.2 加强应用场景开发

深度挖掘特色资源与需求。鼓励企业与乡村紧密合作,深入挖掘乡村地区的特色资源与实际需求,结合新质生产力技术,开发具有针对性的应用场景。例如,在黑龙江某乡村,利用区块链技术开发农产品质量追溯系统。消费者通过扫描农产品包装上的二维码,即可获取农产品的种植地点、施肥用药情况、采摘时间、检测报告等详细信息,实现从农田到餐桌的全过程质量监控,提升了农产品的市场竞争力。在江西某乡村,结合当地丰富的红色旅游资源，运用虚拟现实（VR）、增强现实（AR）等技术打造沉浸式红色旅游体验项目。游客通过佩戴 VR 设备，仿佛置身于革命战争年代，身临其境地感受红色文化的魅力，极大地提升了乡村旅游的吸引力。

政府出台相关扶持政策，对在乡村地区开展应用场景开发的企业给予税收优惠、财政补贴、项目奖励等支持。设立专项扶持资金，鼓励企业加大在乡村应用场景开发方面的投入。例如，某省对在乡村成功开发并应用新技术场景的企业，给予最高 50 万元的项目奖励，激发了企业的积极性，推动了新技术在乡村的落地应用与创新发展。

8.3.5.3 解决人才匮乏与流失问题

加大对乡村教育的投入，改善乡村教育基础设施，提高教育质量。加强乡村教师队伍建设，通过提高教师待遇、提供培训机会等方式，吸引优秀教师到乡村任教。同时，开展职业教育与技能培训，针对乡村产业发展需求，设置相关专业课程。如在一些水果种植大县的乡村，开设水果种植与病虫害防治、水果深加工等专业课程，培养具有新质生产力相关知识和技能的本土人才。

制定优惠政策，吸引人才回流与外来人才流入。为返乡创业人才提供创业补贴、税收减免、场地支持等政策扶持。例如，某县为返乡创业的大学生提供 5 万元的创业补贴和 3 年的税收减免，并免费提供创业场地。为外来人才提供住房保障、子女教育优惠、医疗保障等福利待遇。如在一些经济发达的乡村地区，为外来高端人才提供人才公寓，解决其子女在当地优质学校入学的问题，解决他们的后顾之忧。同时，搭建乡村人才发展平台，为人才提供广阔的职业发展空间和晋升机会，激发他们的工作积极性与创造力。

建立乡村人才激励机制，对在乡村地区发展新质生产力、推动产业创新升级等方面作出突出贡献的人才给予表彰与奖励。例如，每年评选"乡村创新人才奖",对获奖者给予物质奖励和荣誉证书,并在媒体上进行宣传报道,通过树立榜样,营造尊重人才、重视人才的良好氛围,吸引更多人才投身乡村建设。

8.3.5.4 推动产业创新发展

引导乡村企业和农民转变发展思路,摆脱对传统农业的过度依赖。政府加大对农产品深加工、乡村特色文旅与科技融合等新兴产业的扶持力度。例如,在广东某乡村,政府通过财政补贴、税收优惠等政策手段,鼓励企业投资建设水果罐头加工厂,延伸了水果产业链,提高了农产品附加值。同时,制定产业发展规划,明确发展目标与重点方向。如某县规划打造以乡村旅游为核心,结合农产品采摘、民俗体验等项目的乡村特色文旅产业集群。

加强乡村创新文化建设,开展创新宣传活动,提高乡村企业和农民对创新的认识与重视程度。鼓励企业加大研发投入,建立创新研发中心。例如,某农业企业在乡村建立了农业科技创新研发中心,与高校、科研机构开展产学研合作,引进先进的基因编辑技术,培育出了抗病虫害能力更强、产量更高的农作物新品种,提升了企业的创新能力与市场竞争力。同时,设立乡村创新奖励基金,对在产品创新、技术创新、商业模式创新等方面取得突出成果的企业和个人给予奖励。

完善乡村金融服务体系,加大金融机构在乡村地区的网点建设力度,丰富金融产品与服务种类。推出适合乡村产业发展的金融产品,如农村供应链金融,为农产品生产、加工、销售等环节提供融资支持;知识产权质押贷款,鼓励企业通过创新获取资金支持。引导社会资本参与乡村建设,通过政府引导基金、PPP模式等方式,吸引社会资本投资乡村产业项目。例如,某乡村通过PPP模式,引入社会资本建设乡村污水处理设施,改善了乡村生态环境。加强对政府财政资金的管理与监督,科学规划资金分配,严格资金使用审批流程，提高资金使用效率，确保资金真正用于乡村社区治理和产业发展的关键领域。

8.4 组织协同下的乡村公司运营实例
——以杭州市余杭区南山村为例

近年来，中国颁布的一系列政策向乡村倾斜，吸引了大量资本下乡以促进乡村发展。在这一过程中，资本由最初的促进农业转型升级转而发展乡村文旅产业，以期扩大盈利空间。经过不断发展，资本下乡经历了从以政府为主导的项目下乡到以企业为主导的工商资本下乡。现阶段大量精英回流，乡村发展也面临着多元主体共存的局面。

8.4.1 余杭南山村发展现状

余杭南山村坐落于瓶窑镇西部，与苕溪相依，南山为邻，自然景观优美，历史底蕴深厚，拥有北宋丞相盛度墓、南山摩崖石刻等历史遗迹。此地交通便利，距杭州城区约30分钟车程，104国道穿境而过，且与良渚古城遗址公园、瓶窑老街紧密相连。

近年来，南山村在乡村振兴的道路上成绩斐然。自2017年依托美丽乡村建设开展改造，按照开发建设时序稳步推进。一期完成村庄整体规划改造，优化了村庄道路，治理了苕溪湖面水质，为后续发展奠定了基础。二期推进内部建筑改造，文化礼堂、盛氏家风馆、创业中心等项目逐步建成，其中文化礼堂以市级文保单位北宋丞相盛度墓为文化根基打造，而村内现有130多名盛氏后裔，其家风家训传承至今，成为村民治家与传道授业的准则。目前正在进行的三期，依据"一纵两翼三节点四片区"规划，分步建设数字文旅区、幸福原乡区、数字农业区、康养颐乐区等区块，着重打造服务、健康、文化场景，致力于构建一个多功能融合的未来乡村。

此外，南山村还充分发挥乡贤在乡村振兴中的作用，通过发扬乡贤文化，建立乡贤组织，搭建乡创平台，凝聚各方力量。乡贤们积极参与蜜桃产业发展，助力瓶窑镇蜜桃年产值超3300万元，品牌化赋能实现农民每年增收370余万元。未来，南山村有望在产业融合、文化传承、乡村治理等方面持续创新，打造成为更具特色的省级未来乡村样板和共同富裕示范村，如图8.2所示。

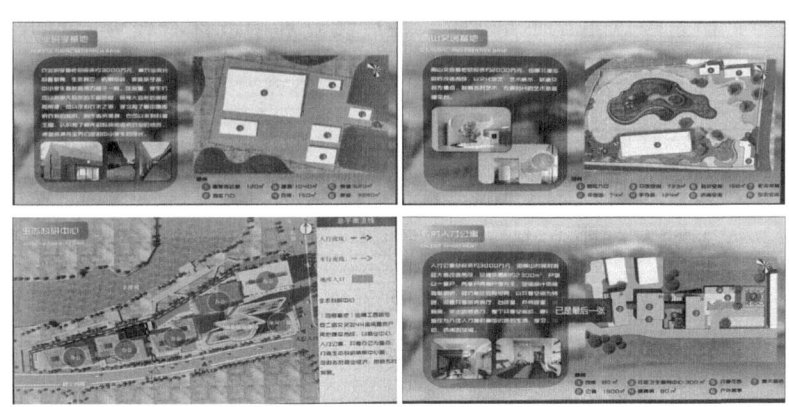

图 8.2　南山村空间发展规划

（1）开发建设时序：从2017年开始打造南山村，一期主要完成村庄整体规划改造，包括村庄道路优化、苕溪湖面水质治理等，二期意在推进内部建筑改造（包括建设中的文化礼堂、盛氏家风馆、创业中心），三期根据既定的未来乡村"一纵两翼三节点四片区"规划，南山村将分步做好数字文旅区、幸福原乡区、数字农业区、康养颐乐区等区块建设，重点打造服务、健康、文化场景。

（2）建筑利用率。南山村建筑利用率较高，招商进度良好。截至目前，超过90%的建筑处于经营状态。

（3）建筑功能。目前，南山村各建筑的功能较为丰富多样。其中：零售、文创及公共服务建筑占比最高，达到65%，亲子游乐研学项目占比21%，餐饮占比不足3%。

（4）功能分区及基础设施。南山村整体规划分为五大空间，包括未来乡村科创园、农业研学基地、南山文创基地、生态科研基地、乡村人才公寓。

南山村在建筑利用与产业发展方面表现出色。建筑利用率超90%，招商进度良好，目前各建筑功能丰富；零售、文创及公共服务建筑占比达65%，是占比最高的功能类型；亲子游乐研学项目占比21%，为乡村旅游增添活力；但是餐饮占比不足3%，在后续发展中或许有较大的提升空间。

在整体规划上，南山村分为五大空间。未来乡村科创园由原月旺羊厂改建而来，已挂牌成为"新乡贤助乡兴"共富实践基地，这里汇聚众多乡贤、创客，包含文创研发中心、研学课程中心、水上运动基地等功能区，聚焦"数字文创、户外运动、网红直播"三大核心产业，释放出乡村产融聚势新活力。农业研学基地、南山文创基地、生态科研基地也在有序发展，充分挖掘乡村的农业、文化、生态资源。乡村人才公寓则为吸引和留住人才提供保障，助力乡村建设。

8.4.2 南山村运营现状

南山村现状业态主要由户外运动/非遗文创/休闲/亲子/数字科技/网红直播组成（见表8.1），平日客流量较少，超过30%的商铺仅在周末及节假日营业，多为"周末经济"。

表 8.1　　　　　　　　南山村服务业态分类

分类	项目	出资主体	说明
户外运动	大热荒野露营基地	政府财政资金+企业	户外运动
	随途水上运动中心	政府财政资金+企业	水上项目

续表

分类	项目	出资主体	说明
非遗文创	漫居漫作	企业	原创手作
	袁进华艺术家工作室	企业	民俗文化
	聚驾公社	企业	汽车文化
	数字文旅大学生创业中心	企业	电商直播
	翰墨飘香	企业+政府财政资金	书法文化
	木宇宙文化科技	企业	皮影戏
亲子	稻田文化	政府财政资金	采摘体验
	丛林探险	企业	户外运动
	盛氏家风馆	政府财政资金	民俗文化
	唐苑文化艺术	企业	艺术培训
	开心农村	政府财政资金+企业	采摘/动植物研学
餐饮	阿sir咖啡	企业	咖啡厅
	乡菜馆	企业	中餐

据调研了解，南山村积极引入成熟的乡村运营公司——浙江未来村庄管理集团，对南山村整体业态进行规划设计。同时依托政府未来乡村建设项目，政府相关政策，吸引"新精英"回归乡里，成功招商引资上述各类资产。在引资的同时，政府也积极投入财政资金进行村庄环境整治与改善，为资本介入营造良好环境。通过对南山村各类业态经营项目的效益进行横向比较发现，南山村的经营收益主要来源于文创文旅，其次是亲子研学，稻田农业的经营也是整体经营效益的重要组成部分。但是，各类产业的收益受旅游淡旺季的影响，如稻田文化，在节假日、寒暑假期间游客人数较多，通常需提早一周预约，但工作日总体上游客人数较少。

8.4.3　南山村资本运营逻辑分析

8.4.3.1　初期政府投入

南山村发展前期主要将政府财政资金集中投入在村民搬迁及村庄改造

中。在环境整治与维护方面，瓶窑镇也持续投入资金，用于观赏农田的清淤、花卉的种植与维护以及村庄导览指示牌等基础设施的更新。为更好地推进美丽乡村建设，政府还搭建特色田园实践平台，包涵理论宣讲、教育服务、文化与体育等8大平台及8支志愿者服务队，服务于各个乡村实践点。环境建设好后，后续的维护成了政府的大问题，为此，政府积极引进"未来村庄管理集团"进村发展文创产业，后期不断吸引社会资本进村入驻，形成"政府＋企业＋新村民"多元资本共存的发展模式。

8.4.3.2 公司化运营

在改造工程初步完成后，南山村通过多元主体共治的方式，成立了"杭州小隐农文旅开发有限公司"。该公司由南山村经济股份合作社（股份占51%）与杭州漫村文旅投资管理有限公司（股份占49%）共同出资，通过"保底＋分红"模式进行分配，杭州漫村文旅投资管理有限公司承诺每年保底65万＋30%分红（如图8.3所示）。这种股权结构确保了村集体和村民的利益，同时吸引了专业运营团队的参与。杭州小隐农文旅开发有限公司投入运营带动本地就业岗位及周边食宿配套，形成租金、股金、薪金三笔收入。2022年村集体经济收入从865万元提升到1017万元，村民人均年收入从5.8万元提升到6.4万元。

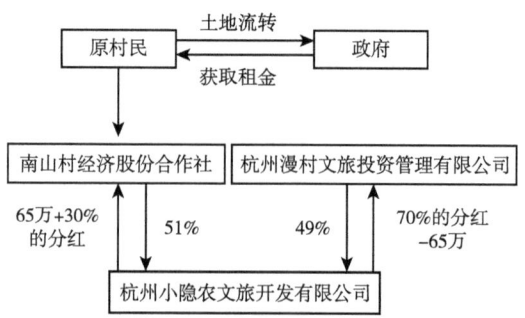

图8.3　多元主体之间的逻辑关系

8.4.3.3 多元主体参与

南山村在改造和发展过程中，主动吸引专业公司的加入，如杭州漫村文旅投资管理有限公司，未来村庄管理集团等企业，与企业深度合作，共同开发乡村旅游、特色农业，乡创空间等项目。充分发挥社会组织和专业人才在乡村治理中的重要作用，邀请专家团队为村庄规划、项目运营等提供专业指导，确保各项决策和项目实施的科学性与前瞻性。南山村成立了村民自治组织，通过创新治理模式和优化治理机制，充分尊重村民的利益诉求，增强村民的"主人翁"意识，引导村民群众积极参与乡村治理。

8.4.3.4 维护与运营

政府积极引入了"未来村庄管理集团"来负责后续的维护和运营工作，并推动南山村的文化创意产业发展。同时，政府通过提供优惠政策，如减免房租，吸引具有潜力的社会资本入驻南山村。在政府指导和引入社会资本的基础上，积极吸引南山村村民的参与，村民可以参与到南山村发展的各个方面，如农业、手工艺、文化教育、旅游服务等，通过与当地村民的合作，共同推动乡村的文化和经济发展。形成了"政府＋企业＋新村民"的多元资本共存的可持续发展模式。

8.4.4 南山村开发运营成效评估

8.4.4.1 经济效益评估

在政府主导下的乡村开发运营模式中，政府主要进行基础设施建设，初期投资较大、回收期较长，而后期投入减少、收益大，整体上具有一劳永逸的特点。在南山村开发建设初期，投资效果显现较慢，但经营者在运营中要长远考虑，要看到长期利益。总体来说，南山村经济效益呈现以下特点：一是南山村的经营处于初期，正在向中期逐渐转型，投资成本尚不能完全回收，但具有一定的发展潜力；二是目前经济效益主要来源为特色文创"袁进华艺术家工作室"，支柱型经营产业较为缺失；三是亲子旅游服务业作为南山村的特色消费吸引力，其产生的经济效益在总体经营中占据重要地位，丰富的亲子产品及其所反映的重要文化价值有利于保护珍贵文化，带来永续的经济效益。2022年村集体经济总收入达到1589万元，经营性收入1018万元，上榜2022年浙江省乡村振兴示范村创建单位名单。

8.4.4.2 空间效益评估

资本进入乡村，将传统生活空间转变为消费服务型空间，村民外出就业带来的大量外迁为村庄留下了闲置用房，政府对其进行改造并将其出租给入驻资本，使原先从事一产相关的生产生活空间充分转换成为三产服务的空间，从而带来一定的经济收入。此外，政府通过财政支出将闲置农业空间转变为休闲观光空间，后期资本的介入也促进农业资源的景观化开发，产业转移促使原先用于农业生产的土地转为非营利性的休闲景观，带动村庄整体可持续运营。由于村庄主要发展旅游业，使单一农耕文化空间与旅游消费相关联。南山村在对现有空间激活改造的同时保留本土的非遗文化，在社会文化方面做到了传承与复兴，但同时原住民的悉数外迁造成了一定意义上的文化流失。

8.4.4.3 社会效益评估

资本进入乡村，采用公司化的方式对村庄外生项目资源、内生土地资源和村级组织本身进行资本化运作。在此过程中，资本也在与乡村的人群、社会关系产生链接和互动。文创公司、户外亲子项目在南山村内进行生产经营活动的同时也影响着乡村内的制度环境、关系网络等。主要表现为以下特征。

（1）人口结构多样化。作为一个人口构成单一均质的传统农业村落，南山村在政府介入发展乡村旅游后，对原住民进行整体搬迁，引进了城市的产业经营者。

（2）精英回流，呈现乡村绅士化趋势。政府积极吸引来自城市各行各业的新精英，为乡村带来资金、知识和新的经营理念。

（3）新村民乡土依存度较高，对村庄的归属感强。因南山村自身地理位置优势，客流量较大，自身发展规划较好，经营效益较高，大部分商户营业效益较好，使外来新村民对南山村的乡土依存度提高，愿意长期留乡工作。

南山村充分发挥乡贤在实施乡村振兴战略中的重要作用，通过发扬乡贤文化，建立乡贤组织，搭建乡创平台，以凝聚人心、凝聚智慧、凝聚力量、凝聚共识为目标，充分发挥乡贤在乡村振兴、协商民主、社会公益等领域的作用，为南山村打造省级未来乡村样板和建设共同富裕示范村作出积极贡献。

第 9 章

研究结论与展望

9.1 本书的研究结论

9.1.1 政策层面：政策引领与新质生产力驱动下的乡村治理目标

在党的坚强领导与国家法律框架的坚实保障下，构建人人参与、人人尽责的乡村组织协同治理格局，乃是当下及未来相当长时期内，实现中国乡村治理体系和治理能力现代化的核心目标。2023 年的乡村振兴事业，已全然超越传统建设模式。往昔乡村基层设施建成后，交由村委会运营，却常面临无力维持的困境。早在 2006 年，习近平总书记便极具前瞻性地提出"要把整治村庄和经营村庄结合起来"。党中央、国务院明确规划，到 2020 年基本构建起以基层党组织为引领、基层政府为主导，多方广泛参与、共同治理的城乡社区治理体系。预计未来 5~10 年，乡村治理体制将越发成熟，治理能力实现全方位、精准化提升，推动乡村治理体制成熟、能力提升，实现治理现代化，迈向现代化新高度。这与本书聚焦的社区多元治理理念高度契合，其本质皆为政府主导下的外嵌治理模式。可以说，"乡村多元治理"精准体现了中国乡村现阶段及未来长远发展的方向与目标。在此进程中，新质生产力发挥着关键作用。通过引入数字化管理平台、绿色农业技术等新兴生产力要素，能够有效提升乡村治理效率与经济发展质量，推动治理目标达成。

9.1.2 理论层面：乡村社区多元治理概念的科学性与独特性

在理论范畴，乡村社区多元治理将成为当前及未来一段时间内，诠释中国乡村社区治理的核心概念。当前，从官方到民间，从理论研究到实践探索，社会各界对乡村社区治理已达成高度共识。然而，治理本身概念复杂，对于"何谓乡村社区治理""如何推动乡村社区治理"等关键问题，仍存在诸多争议。

相较于"乡村社区管理"，"乡村社区多元治理"着重强调"多元化"，不仅涵盖治理主体的多元，还包括治理手段、方法、机制、内容及目标等全方位的多元性。与"乡村社区治理"相比，"乡村社区多元治理"更加强调多元主体间的"有机合作"特性。相较于"乡村社区自治"，"乡村社区多元治理"突出中国特色社区治理需坚持在党的领导下，实现居民群众依法治理。对比"多元共治"，"乡村社区多元治理"注重乡村社区发展是一个阶段性推进、逐步深化的过程。在理论研究中，从"多元"视角出发，本书综合运用组织协同理论、治理理论、乡村治理理论、嵌入式治理理论等，以乡村社区多元治理概念，全面概括由乡村社区运行规则、共同体属性、自然物质条件以及内部结构所构成的系统在乡村社区治理实践场域中产生的具体行动情境。新质生产力的理论研究也为社区多元治理提供崭新视角，通过研究科技成果转化、创新人才培养等新质生产力要素在社区治理中的作用机制，进一步丰富和完善中国乡村"社区多元治理"的理论内涵。

在乡村社区治理情境中，基于嵌入性理论，从结构、政治、关系、文化四重维度展开分析。结构嵌入作为基础，将各治理主体嵌入乡村治理组织体系，构建起以国家为中心、村委会主导的一轴多元治理共同体结构，实现组织体系的勾连互嵌与重塑。政治嵌入充当载体，融合国家与其他治理主体功能，通过优化多元关系结构，整合信息、政务治理、民生服务等要素，实现资源互通，为乡村功能增能，从而提供优质公共服务。关系嵌入是关键环节，借助党建过程，党员发挥联络员作用，重构党群、社群、干群等关系网络，增进情感联结，凝聚资源价值，助力乡村治理目标的达成。文化嵌入作为内核，深度融入当地文化，通过开展学习实践、开发培训课程、挖掘传统优秀文化资源等方式，推动价值契合，形成乡村公共精神。

这一基于嵌入性理论的多重嵌入分析框架，极大地丰富了社区多元治理理论内涵，为探索乡村社区多元共治的有效路径提供了坚实的理论支撑，着重强调不仅要有实体、制度、机制层面的嵌入，更需重视价值、理念、目标的嵌入，以此实现乡村的良性治理。

9.1.3 实践层面：乡村社区多元治理是乡村治理现代化的必由之路

理论是实践的指引，由于理论层面的分歧，导致中国乡村社区治理在实践和模式构建上存在模糊地带。而政策与理论层面对于"社区多元治理"的清晰界定，充分表明其正是中国乡村社区治理实践的真实映射。

其一，中国特色乡村社区多元治理，是在党领导与政府主导下，以治理为核心的渐进式发展进程。中国的改革开放是一场全面的社会变革，其中政府治理与管理体制改革占据重要地位，即"以治理为中心的改革"。社区治理作为国家治理的基础单元，中国特色乡村社区多元治理并非全盘推倒重来，而是在整体框架稳定的基础上，在党的领导与政府主导下进行改革与完善。在此过程中，新质生产力为乡村治理注入新活力。例如，部分乡村引入智能农业监测系统，实现农业生产精准化管理，提升农业产出效益，同时减轻基层治理负担。

其二，中国乡村社区多元治理是一个逐步优化、持续发展的过程。国家治理体系现代化的关键在于完善各方面体制，这是一个动态的结构均衡调整过程。乡村社区多元治理在中国改革开放持续深化、建设社会主义强国的大背景下展开，是在总体框架稳定基础上，对各要素进行动态调整。这种调整体现在要素的增减、整合等方面，旨在实现各要素间的最优平衡，即达到帕累托最优状态，以实现治理效益的最大化。但这一最优状态更多是在不断试错、调整中逐步趋近的，是一个持续优化的帕累托改进过程。新质生产力的发展促使乡村不断探索新的治理模式，如通过发展农村电商，创新乡村产业发展与治理模式，促进乡村经济繁荣与治理水平提升。

其三，中国乡村社区多元治理需推动实践差异化研究，规避路径依赖。国家顶层设计为社区治理提供了普适性、原则性框架，而具体实践则依赖于各地因地制宜的探索。中国地域辽阔，发展水平参差不齐，在实践中，社区治理因地区、时间、领域的不同，面临的要素条件各异。关键在于如何确保治理更具成效与可持续性。因此，在实际操作中，必须避免路径依赖，将普遍性原则与差异化研究紧密结合，依据不同情况，深入开展路径差异化研究，包括路径的选择、组合与实施顺序等。不同地区可结合自身特色，利用新质生产力推动乡村治理创新。如山区可借助生态资源优势，发展生态旅游产业，配套数字化管理手段，实现生态保护与经济发展、社区治理的协同共进。

9.2 研究展望

中国的乡村振兴早已不是传统过去式的建设时代，国家每年在乡村建设上投入了大量的资金，虽然为乡村发展打下基础，让乡村有了"颜值"，但也反映出乡村建设中的共性问题，乡村建设让乡村变美丽不难，难的是如何让乡村环境持续美丽、乡村经济持续发展、乡村居民持续满意。没有经营就没有收益，无法充分发挥乡村价值，产出经济、生态和社会效益。因此，乡村振兴的发展，难的不是建设，而是乡村运营，需要运营团队运用市场手段实现资源变现。在本书的写作中仍有很多不足，也是今后研究的方向。

（1）新质生产力要素的深度融合研究。深入探究科技成果转化、创新人才培养、数字化技术等新质生产力要素如何与乡村社区的结构、政治、关系、文化嵌入进行深度融合。例如，研究如何利用大数据技术优化乡村治理组织体系，实现结构嵌入的智能化升级；探索创新人才如何在重构党群、社群、干群关系网络中发挥更大作用，推动关系嵌入的进一步发展。

（2）新质生产力对乡村治理模式创新的影响。分析新质生产力如何推动乡村社区多元共治模式的创新发展。研究在新质生产力的作用下，如何打破传统治理模式的局限，构建更加高效、协同、智能的治理模式。比如，借助区块链技术实现乡村公共服务供给的透明化和高效化，从而优化政治嵌入的路径。

（3）新质生产力与乡村文化传承发展的协同关系。挖掘新质生产力在乡村文化传承与创新方面的潜力，研究如何通过新质生产力要素促进文化嵌入。例如，利用新媒体技术传播乡村优秀传统文化，开展线上线下相结合的文化活动，增强村民对乡村文化的认同感和归属感，推动乡村公共精神的形成。

（4）新质生产力背景下乡村治理主体能力提升研究。聚焦于新质生产力对乡村治理主体（包括政府、村委会、社会组织、村民等）能力的影响与提升策略。研究如何通过培训、教育等方式，提高治理主体对新质生产力的认知和应用能力，使其能够更好地适应新的治理环境，充分发挥各自在乡村社区治理中的作用。

（5）新质生产力在不同类型乡村社区的应用差异研究。考虑到我国乡村社区的多样性，研究新质生产力在平原、山区、少数民族聚居区等不同类型乡村社区的应用特点和差异。分析不同地理环境、文化传统、经济发展水平下，新质生产力赋能乡村社区治理的适宜路径和模式，为因地制宜推进乡村社区治理提供理论依据和实践指导。

参考文献

[1] 陆益龙,李光达.中国式乡村治理现代化的本质要求与路径选择[J].江苏社会科学,2023,(02):78-86+242.

[2] 欧阳静.简约治理:超越科层化的乡村治理现代化[J].中国社会科学,2022,(03):145-163+207.

[3] 王浦劬.新时代乡村治理现代化的根本取向、核心议题和基本路径[J].华中师范大学学报(人文社会科学版),2022,61(01):18-24.

[4] 黄博.数字赋能:大数据赋能乡村治理现代化的三维审视[J].河海大学学报(哲学社会科学版),2021,23(06):28-36+43+110.

[5] 江维国,胡敏,李立清.数字化技术促进乡村治理体系现代化建设研究[J].电子政务,2021,(07):72-79.

[6] 桂华.迈向强国家时代的农村基层治理——乡村治理现代化的现状、问题与未来[J].人文杂志,2021,(04):122-128.

[7] 李三辉.乡村治理现代化:基本内涵、发展困境与推进路径[J].中州学刊,2021,(03):75-81.

[8] 杜鹏.一线治理:乡村治理现代化的机制调整与实践基础[J].政治学研究,2020,(04):106-118+128.

[9] 赵敬丹,李志明.从基于经验到基于数据——大数据时代乡村治理的现代化转型[J].中共中央党校(国家行政学院)学报,2020,24(01):130-135.

[10] 陈松友,卢亮亮.自治、法治与德治:中国乡村治理体系的内在逻

辑与实践指向[J]. 行政论坛, 2020, 27 (01): 17-23.

[11] 任剑涛, 姜晓萍, 贺雪峰, 等. 乡村治理现代化（笔谈一）[J]. 湖北民族大学学报（哲学社会科学版）, 2020, 38 (01): 1-23.

[12] 韩鹏云. 乡村治理现代化的实践检视与理论反思[J]. 西北农林科技大学学报（社会科学版）, 2020, 20 (01): 102-110.

[13] 丁志刚, 王杰. 中国乡村治理70年：历史演进与逻辑理路[J]. 中国农村观察, 2019, (04): 18-34.

[14] 吕德文. 乡村治理70年：国家治理现代化的视角[J]. 南京农业大学学报（社会科学版）, 2019, 19 (04): 11-19+156.

[15] 原超. 新"经纪机制"：中国乡村治理结构的新变化——基于泉州市A村乡贤理事会的运作实践[J]. 公共管理学报, 2019, 16 (02): 57-66+171.

[16] 李亚冬. 新时代"三治结合"乡村治理体系研究回顾与期待[J]. 学术交流, 2018, (12): 79-86.

[17] 桂华. 面对社会重组的乡村治理现代化[J]. 政治学研究, 2018, (05): 2-5.

[18] 蔡文成. 基层党组织与乡村治理现代化：基于乡村振兴战略的分析[J]. 理论与改革, 2018, (03): 62-71.

[19] 贺雪峰. 乡村治理现代化：村庄与体制[J]. 求索, 2017, (10): 4-10.

[20] 李利宏, 杨素珍. 乡村治理现代化视阈中传统治理资源重构研究[J]. 中国行政管理, 2016, (08): 81-85.

[21] 陆益龙, 李光达. 中国式乡村治理现代化的本质要求与路径选择[J]. 江苏社会科学, 2023, (02): 78-86+242. DOI: 10.13858/j.cnki.cn32-1312/c.20230327.006.

[22] 郑永兰, 周其鑫. 数字乡村治理探赜：理论图式、主要限度与实践路径[J]. 河海大学学报（哲学社会科学版）, 2023, 25 (01): 1-11.

[23] 张鸿, 王思琦, 张媛. 数字乡村治理多主体冲突问题研究[J]. 西

北农林科技大学学报（社会科学版），2023，23（01）：1-11. DOI：10.13968/j.cnki.1009-9107.2023.01.01.

［24］刘能，陆兵哲. 契合与调适：数字化治理在乡村社会的实践逻辑——浙江德清数字乡村治理的个案研究［J］. 中国农业大学学报（社会科学版），2022，39（05）：25-41. DOI：10.13240/j.cnki.caujsse.2022.05.002.

［25］沈费伟，杜芳. 数字乡村治理的限度与优化策略——基于治理现代化视角的考察［J］. 南京农业大学学报（社会科学版），2022，22（04）：134-144. DOI：10.19714/j.cnki.1671-7465.2022.0065.

［26］冯献，李瑾. 乡村治理现代化水平评价［J］. 华南农业大学学报（社会科学版），2022，21（03）：127-140.

［27］欧阳静. 简约治理：超越科层化的乡村治理现代化［J］. 中国社会科学，2022，（03）：145-163+207.

［28］孙莹. 协同共治视角下的乡村治理现代化——以四川省 J 市的乡村振兴实践为例［J］. 理论学刊，2022，（02）：128-136. DOI：10.14110/j.cnki.cn-37-1059/d.2022.02.009.

［29］王浦劬. 新时代乡村治理现代化的根本取向、核心议题和基本路径［J］. 华中师范大学学报（人文社会科学版），2022，61（01）：18-24. DOI：10.19992/j.cnki.1000-2456.2022.01.003.

［30］黄博. 数字赋能：大数据赋能乡村治理现代化的三维审视［J］. 河海大学学报（哲学社会科学版），2021，23（06）：28-36+43+110.

［31］江维国，胡敏，李立清. 数字化技术促进乡村治理体系现代化建设研究［J］. 电子政务，2021，（07）：72-79. DOI：10.16582/j.cnki.dzzw.2021.07.007.

［32］桂华. 迈向强国家时代的农村基层治理——乡村治理现代化的现状、问题与未来［J］. 人文杂志，2021，（04）：122-128. DOI：10.15895/j.cnki.rwzz.2021.04.013.

［33］李三辉. 乡村治理现代化：基本内涵、发展困境与推进路径［J］. 中州学刊，2021，（03）：75-81.

[34] 罗兴佐. 过渡型社会与乡村治理现代化 [J]. 华南农业大学学报（社会科学版），2021，20（02）：119－128.

[35] 燕连福，程诚. 中国共产党百年乡村治理的历程、经验与未来着力点 [J]. 北京工业大学学报（社会科学版），2021，21（03）：95－103.

[36] 周文，司婧雯. 乡村治理与乡村振兴：问题与改革深化 [J]. 河北经贸大学学报，2021，42（01）：16－25. DOI：10.14178/j.cnki.issn1007－2101.20210106.002.

[37] 杜鹏. 一线治理：乡村治理现代化的机制调整与实践基础 [J]. 政治学研究，2020，（04）：106－118＋128.

[38] 冯留建，王宇凤. 新时代乡村治理现代化的实践逻辑 [J]. 齐鲁学刊，2020，（04）：86－95.

[39] 马志翔. 提升乡村治理能力现代化的路径研究 [J]. 云南社会科学，2020，（03）：116－121.

[40] 任剑涛，姜晓萍，贺雪峰，等. 乡村治理现代化（笔谈一）[J]. 湖北民族大学学报（哲学社会科学版），2020，38（01）：1－23.

[41] 陈松友，卢亮亮. 自治、法治与德治：中国乡村治理体系的内在逻辑与实践指向 [J]. 行政论坛，2020，27（01）：17－23.

[42] 赵敬丹，李志明. 从基于经验到基于数据——大数据时代乡村治理的现代化转型 [J]. 中共中央党校（国家行政学院）学报，2020，24（01）：130－135.

[43] 马桂萍，赵晶晶. 习近平关于乡村治理论述的科学内涵 [J]. 科学社会主义，2020，（01）：50－57.

[44] 韩鹏云. 乡村治理现代化的实践检视与理论反思 [J]. 西北农林科技大学学报（社会科学版），2020，20（01）：102－110.

[45] 丁志刚，王杰. 中国乡村治理70年：历史演进与逻辑理路 [J]. 中国农村观察，2019，（04）：18－34.

[46] 吕德文. 乡村治理70年：国家治理现代化的视角 [J]. 南京农业

大学学报（社会科学版），2019，19（04）：11-19+156.

[47] 原超. 新"经纪机制"：中国乡村治理结构的新变化——基于泉州市A村乡贤理事会的运作实践 [J]. 公共管理学报，2019，16（02）：57-66+171.

[48] 赵晓峰，马锐. 乡村治理的理论创新及其实践探索——"落实乡村振兴战略，推进乡村治理体制机制创新"研讨会综述 [J]. 中国农村经济，2019，（02）：131-136.

[49] 李亚冬. 新时代"三治结合"乡村治理体系研究回顾与期待 [J]. 学术交流，2018，（12）：79-86.

[50] 陈健. 新时代乡村振兴战略视域下现代化乡村治理新体系研究 [J]. 宁夏社会科学，2018，（06）：12-16.

[51] 桂华. 面对社会重组的乡村治理现代化 [J]. 政治学研究，2018，（05）：2-5.

[52] 吕德文. 乡村治理空间再造及其有效性——基于W镇乡村治理实践的分析 [J]. 中国农村观察，2018，（05）：96-110.

[53] 蔡文成. 基层党组织与乡村治理现代化：基于乡村振兴战略的分析 [J]. 理论与改革，2018，（03）：62-71.

[54] 张春华. 缺位与补位：乡村治理中的现代乡贤 [J]. 重庆社会科学，2018，（03）：74-80.

[55] 贺雪峰. 乡村治理现代化：村庄与体制 [J]. 求索，2017，（10）：4-10.

[56] 张春华. 大数据时代的乡村治理转型与创新 [J]. 重庆社会科学，2017，（06）：25-31.

[57] 张春华. 大数据时代的乡村治理审视与现代化转型 [J]. 探索，2016，（06）：130-135.

[58] 巢小丽. 乡村治理现代化的建构逻辑："宁海36条"政策绩效分析 [J]. 中国行政管理，2016，（08）：69-75.

[59] 李利宏，杨素珍. 乡村治理现代化视阈中传统治理资源重构研究

[J]. 中国行政管理, 2016, (08): 81-85.

[60] 吴家庆, 苏海新. 论我国乡村治理结构的现代化 [J]. 湘潭大学学报 (哲学社会科学版), 2015, 39 (02): 25-31.

[61] BRUNNER E D S, HALLENBEEK W G. American society: urban and rural patterns [M]. New York: Harper & Brothers, 1955.

[62] FRIEDMANN J. Four theses in the study of China's urbanization [J]. International journal of urban and regional research, 2006, 30 (2): 440-451.

[63] OSTROM E. Beyond markets and states: polycentric governance of complex economic systems [J]. The American economic review, 2010, 100 (3): 641-672.

[64] RHODES R A W. The new governance: governing without government [J]. Political studies, 1996, 44 (4): 652-667.

后　　记

在本书的撰写过程中，我们深感责任重大，同时也充满了对知识的敬畏和对乡村治理现代化的热情。本书的完成，得益于多方面的支持和帮助，在此我们一并表示衷心的感谢。

首先，我要衷心感谢浙江树人学院为我们提供了良好的学术氛围和研究条件。学院的支持和鼓励是我们能够顺利完成研究的重要保障。

其次，我要感谢公共管理学院和经济与管理学院的各位领导和老师。在研究过程中，他们给予我们悉心的指导和无私的帮助，为我们解答疑惑，提供资料，使我们的研究得以顺利进行。同时，我还要感谢参与本研究的浙江树人未来乡村共富研究所的团队成员们。我们共同努力，相互支持，形成了强大的研究合力。在研究过程中，我们互相学习，互相启发，共同进步。

此外，我要感谢那些为本研究提供数据支持的机构和人员。他们的支持和配合，使得我们的研究能够更加深入地了解实际情况，提高研究的针对性和实效性。在本书的出版过程中，我还要感谢出版社的编辑们。他们专业的编辑工作，使得本书得以顺利出版。

最后，我要再次感谢所有关心、支持和帮助过我们的人。我们将永远铭记这份恩情，并继续努力工作和学习，为社会的发展和进步贡献自己的力量。